Du bist der einzige Mensch der Welt, den du verändern kannst

China, Autor unbekannt

AF175320

Wo fängt es an und wo endet unser Glück? Warum endet es überhaupt? Gibt es überhaupt in unserem Leben das Glück? Und vor allem, wo liegen die Ursachen, wenn wir aus unserem Unglück nicht mehr rauskommen?
Was macht uns so unglücklich?
Und wollen wir überhaupt glücklich sein?
Wir werden auf den folgenden Seiten versuchen, zusammen herauszufinden, was uns unglücklich macht, warum das Glück meistens nur fünf Minuten anhält und ob es uns Menschen überhaupt möglich ist, ein langes, erfülltes und glückliches Leben zu führen.

Be´shan, 1970 in Tiflis(Georgien geboren, lebt und arbeitet als Künstler, Autor und Kunsttherapeut in Hamburg.

BE´SHAN

DAS GLÜCK ENTDECKEN

Copyright© 2021 Be´shan

Umschlaggestaltung: Be´shan

Herstellung und Verlag: BoD – Books on Demand,
Norderstedt

ISBN: 978-3-7543-2633-6

Mehr Information über den Autor:
www.beshan-art.de
www.kunsterlebnisse.com

Inhalt

Imagine …

Stell dir vor, es gibt eine Kraft, die ständig bei dir
ist, dich Tag und Nacht begleitet, dich schützt und
warnt, aber auch dafür sorgt, dass du nicht abhebst,
dass du auch Leid kennen lernst, im Wechsel mit
Glück und Freude. Und das Einzige, was sie von
dir will, ist, dass ihr beide Hand in Hand geht, auf
einer Linie, dass du ihr voll vertraust und endlich
aufhörst, dir Sorgen zu machen …

Es ist die Kraft namens Leben.

- Was war die größte Entdeckung, die du in deinem Leben gemacht hast?

- Es war das Glück.

- Das Glück?

- Ja, das Glück, das ich in mir entdeckte.

Einleitung

Wir werden hin und wieder gefragt, ob wir glücklich sind.

Viele würden möglicherweise gerne antworten – ja, ich bin glücklich, Aber im tiefsten Inneren flüstert ihnen eine Stimme zu: es gibt niemanden, der immerzu glücklich ist, also kann ich das auch nicht sein. Augenblicke oder Phasen des Glücks, ja – aber ein Leben lang?

Keine Chance. Punkt!

Und so nehmen wir es hin.

Ja, es gibt kein ewiges Glück, der Mensch soll dafür nicht geschaffen sein, er würde es sogar auf Dauer nicht aushalten können, andauernd glücklich zu sein …

Ist das wirklich so? Oder sind es vielleicht die typischen vorgefertigten Meinungen, die wir, so lange wir denken können, einfach hingenommen haben und nicht mehr hinterfragen?

Wo fängt es an und wo endet unser Glück? Warum endet es überhaupt? Gibt es überhaupt in unserem Leben das Glück? Und vor allem, wo liegen die Ursachen, wenn wir aus unserem Unglück nicht mehr rauskommen?

Was macht uns so unglücklich?

Und wollen wir überhaupt glücklich sein?

Jemand, der mit einem Schuldgefühl aufwächst oder von morgens bis abends einem strengen Pflichtprogramm unterworfen ist, wird sich wohl diese Fragen nicht stellen, geschweige denn sie beantworten.

Wir werden auf den folgenden Seiten versuchen, zusammen herauszufinden, was uns unglücklich macht, warum das Glück meistens nur fünf Minuten anhält und ob es uns Menschen überhaupt möglich ist, ein langes, erfülltes und glückliches Leben zu führen.

Dein persönlicher Urknall

Erst einmal sollten wir uns klarmachen, was es überhaupt bedeutet, geboren worden zu sein, und dann sollten wir die Erkenntnisse unseres Nachdenkens gründlich verinnerlichen. Dass wir jetzt in die Welt gekommen sind und nicht vor 2000 Jahren, als der Mensch durchschnittlich 30 Jahre alt wurde und Sklaverei an der Tagesordnung war. Dass wir auch nicht erst in 2000 Jahren geboren werden, wenn der Mensch sich kaum noch von einem Roboter unterscheiden wird. Und wir wurden dazu noch als Mensch geboren und nicht – sagen wir als Wildschwein, Kobra oder Ameise. Eine andere Variante wäre gewesen, erst gar nicht geboren worden zu sein, aber da wir bereits existieren, bringt es nichts, sich im Zustand des reinen Nichts vorzustellen. Wer das Sein kennt, und in diesem Moment befinden wir uns ja alle im Sein, für den wird jede Vorstellung oder Imagination des Nichts nicht weiterhelfen. Das liegt daran, dass wir Menschen keine Erinnerung an diesen Nichts-Zustand vor unserer Geburt haben, daher werden wir uns auch mit dem kommenden unausweichlichen Nichts nicht identifizieren können, in das wir nach unserem Tod eintreten. Also liegt hinter uns ein Nichts und vor uns möglicherweise auch ein ewiges

Nichts. Und jetzt gerade stecken wir zwischen diesen so genannten Nichts-Zuständen. Wir haben uns aus der schwarzen Materie des Nichts befreien können und das Licht des Lebens erblickt. Warum und weshalb – wird immer ein Geheimnis bleiben, so wie es der Urknall und die Entstehung des Universums ist. Unsere Geburt war auch ein Urknall, für jeden und jede von uns unser persönlicher Urknall. Der Urknall selbst ist ein Geschenk, so wie dein Leben ein Geschenk ist, und es ist keineswegs eine Selbstverständlichkeit. Dieses Geschenk gilt außerdem nur für eine bestimmte Frist, so wie die Existenz der gesamten Menschheit einer Frist unterliegt. Denn selbst das aus dem gigantischen Urknall entstandene Universum wird eines Tages anfangen zu schrumpfen und irgendwann ganz verschwinden. Auch in Richtung des Nichts, also den Zustand vor dem Urknall? Was tritt dann an die Stelle der unendlichen Weiten? Und wohin verschwindet das Universum überhaupt? Unser geistiges Vermögen reicht nicht aus, um uns das unendliche Nichts vor dem Urknall zu vergegenwärtigen, also kehren wir lieber zurück zu unserem eigenen, persönlichen Urknall, zu unserer Geburt, die das großartigste Geschenk ist, das uns je gemacht wurde.

Nimmst du das Geschenk auch an?

Dein Geschenk

Wir Menschen freuen uns meistens über ein Geschenk und nehmen es gerne an, selbst wenn es uns nicht gefällt und nicht unser Fall ist. Jemand hat an uns gedacht und uns damit auch eine Prise Aufmerksamkeit geschenkt. So ist es auch mit unserem Leben, es ist geschenkt, es wurde uns überlassen, ohne dass wir gefragt wurden – hier, nimm es, es gehört dir und mach damit, was du willst. Aber es wurde uns unverpackt übergeben, nicht wie es üblich ist bei Geschenken, in netter Verpackung, die erst einmal sorgfältig geöffnet werden will, unser Leben kam ohne Vorbereitung, plötzlich waren wir mittendrin in diesem Geschenk namens Leben. Wir konnten nicht entscheiden, in welchem Körper wir kommen, Mann oder Frau (zumindest nicht bewusst), genauso wenig konnten wir uns aussuchen, in welcher Zeit wir geboren werden, in welchem Land. Dabei hätte so vieles schiefgehen können … Vielleicht kann eine bildhafte Beschreibung die Zusammenhänge besser veranschaulichen, schließlich leben wir in den letzten Jahren zunehmend in einer visuellen (Computer-) Welt.

Da ist ein Nichts, und weil es dort keine Materie gibt, die Licht reflektieren könnte, empfinden wir das Nichts als schwarz. Also ein schwarzes, dunkles Nichts. Es ist so riesig wie das Universum selbst. Und obwohl dort nichts ist (glauben wir), ... werden dort einige Atome rausgefischt, die sich zu deiner Existenz zusammenfinden. Bildhaft gesprochen, sie hauchen dir deine Existenz ein. Aus Milliarden von Atomen, die möglicherweise unbewusst darauf warten, endlich zu Leben zu werden, werden ausgerechnet die kleinen Teilchen ausgewählt, aus denen du hervorgehen wirst. Du wirst zu Materie, bekommst einen Körper, du darfst sehen, hören, riechen, schmecken, fühlen, du wirst das personifizierte Leben. Dir werden Abermillionen Atome zugeteilt, du wirst mit einem komplexen Gehirn ausgestattet – natürlich alles auf Zeit, wie ein Bankkredit (irgendwann musst du ihn zurückzahlen), aber in der Zeit, in der dein Leben dir gehört, darfst du mit ihm umgehen, wie es dir beliebt, denn ein Geschenk ist ein Geschenk – es gehört dir. Den Schlüssel zu einem guten Leben hast du in der Hand.

Es ist dein Leben!

Die Frage ist – wie gehst du damit um?

Siehst du es wirklich als kostbares Geschenk, liebst und respektierst du es oder empfindest du es als Last, als etwas, das dir aufgezwungen wurde? Wäre es dir vielleicht lieber gewesen, weiter im Nichts zu verweilen? Ohne jemals einen wunderschönen sommerlichen Sonnenuntergang erblicken zu können? Doch diese Überlegungen sind hinfällig. Jetzt, wo du in der Welt bist, weißt du nicht mehr, wie es ist, im Nichts zu sein, es übersteigt deine Vorstellungskraft, dass du aus dem schwarzen und seelenlosen Nichts hervorgegangen bist und auch wieder dorthin zurückkehren wirst.

Es ist einzig und allein deine Entscheidung, was du mit diesem kostbaren Geschenk namens Leben anstellst. Es ist dein Leben.

Das Universum hat uns unser Leben geschenkt.

Das ist ganz klar und wir sollten es auch als Geschenk sehen und annehmen.

Aber wie wäre es, wenn wir uns umgekehrt auch als Geschenk für das All sähen? Sollte es kein anderes intelligentes Leben im Universum geben – und bis jetzt kennen wir nur unsere Spezies – ,dann sind wir tatsächlich ein Geschenk für das Universum. So wie Kinder ein kostbares Geschenk für ihre Eltern sind. Wir sind Wesen, die selbstverantwortlich handeln können. Wesen, die imstande sind, Die Welt zu erkunden und zu formen, Städte zu bauen, Kunstwerke zu erschaffen und philosophische Gedankengebäude zu errichten. Und vor allem sind wir fähig zu lieben.

Natürlich nicht nur das …

Wir sind auch Wesen, die zerstören und viel Unheil anrichten können.

Die menschliche Spezies, also wir – du und ich, sind das Ungewöhnlichste und Klügste, was das Universum (zumindest so weit wir das bis jetzt wissen) hervorgebracht hat. Sich seiner selbst bewusst zu sein, also ein Bewusstsein der eigenen Existenz sowie der Vergangenheit und Zukunft zu haben, darüber hinaus fähig zu sein zum ästhetischen, kreativen und zukunftsgerichteten Denken, das ist nach heutigem Stand nur uns Menschen gegeben, und damit sind wir die höchste Form der Materialisierung des Kosmos. So wie die gesamte Welt sind auch wir die Verkörperung des Universums.

Das Universum schaut auf uns und erkennt darin sich selbst.

Egal wie ich bin und was ich tue, ich bin seine Schöpfung.

Es kann durch mich wirken und die leblose Weite des Zustands des Nichts verlassen, sich manifestieren und Liebe empfinden. Aber auch zerstören und wüten. Durch uns kommen das Leben, die Liebe und Leidenschaft in die leblosen Räume des Universums, und dessen ist sich das Universum durchaus bewusst.

Es hat durch unsere Existenz sich selbst ein Geschenk gemacht.

Die Existenz an sich ist das größte Glück, das wir haben.

Bist du gegen sie, bist du gegen dein Glück.

Deine Entscheidung

Auch wenn wir Familien, Kindergärten, Schulen und dergleichen brauchen, erweisen sie uns im Hinblick auf die Tatsache, dass wir Menschen Entscheidungen treffen müssen, einen Bärendienst. Wir kommen erst gar nicht zu echten Entscheidungen. Wir entscheiden zwar, aber in Wirklichkeit sind es stets die anderen, die für uns entscheiden. Im Klartext, unsere Mitmenschen prägen uns mit ihren Konventionen so sehr, dass wir ein Leben lang nicht merken, dass nicht wir es sind, die entscheiden, oder wir merken es, wenn es bereits zu spät ist. Bereits von klein auf lernen wir zu glauben, dass unser Leben eine Pflicht ist – du hast zu dienen, wem auch immer, je nach Epoche und politischer Situation. Waren es früher Kaiser, Papst und Vaterland, also weltliche, religiöse und ideologische Autoritäten, sind es heute die Zwänge der Existenzsicherung, die unsere Entscheidungsfreiheit einschränken. Die persönliche Geschichte von Gautama Buddha ist ein gutes Beispiel einer radikalen Entscheidung zugunsten der Entscheidungsfreiheit: Das ganze Königreich und vor allem seine Eltern erwarten von ihm, dass er seinen „Pflichten" nachgeht, und was macht er? Er verlässt die Komfortzone, also den königlichen Palast, und macht sich auf, sein Glück zu suchen. Von ihm stammt auch der Satz: Du bist die Summe deiner Gedanken. Folglich ist schon mal wichtig festzuhalten: Es ist meine Entscheidung, ob ich mit meinem geschenkten Leben glücklich sein will oder ob ich ihm wie ein pflichtbewusster Soldat dienen will und eigentlich froh bin, wenn der Dienst (also mein Leben) vorbei ist.

Die meisten Menschen würden natürlich sagen, dass sie glücklich sein wollen, aber eine solche Willenserklärung alleine genügt leider nicht. Die Entscheidung für ein glückliches Leben wirkt erst, wenn sie jede Zelle unseres Geistes und Körpers erreicht und sich dort eingenistet hat, vor allem im Königreich unserer geheimen Wünsche – im Unbewussten, denn von dort wird unser Bewusstsein regiert, geleitet und auch zensiert, oft ohne dass wir es überhaupt merken.

Also entscheide dich – dienst du den Mitmenschen, die etwas von dir erwarten, oder lebst du dein Leben? Siehst du dein Leben als Pflicht, das irgendwie gelebt werden muss, oder lässt du es aufblühen?

Diese Entscheidung liegt einzig und allein bei dir.

Deine Identität

Weißt du, wer du wirklich bist?

Ein Blonder, weil du blond bist, oder ein Schwarzer, weil du dunkle Haut hast?

Ein Bankier, weil du der Bank dienst?

Ein Peter Müller, weil deine Eltern dir diesen Namen gaben?

Oder ein User, weil du Tag und Nacht vor dem Rechner sitzt und die virtuellen Welten erforschst?

Nichts von alledem bist du.

Wer du wirklich bist, bezeugt nicht dein Name, dein Geschlecht oder das, was sonst noch in deinem Lebenslauf steht.

Also wer bist du dann?

Die Antwort kannst nur du in dir finden. Kein anderer wird sie dir geben können. Du findest dich, indem du dir der Tatsache bewusst wirst, dass das Bild, das du von dir hast, von den anderen geschaffen wurde und du es aus Bequemlichkeit dankend angenommen hast. Die äußeren Umstände haben dich quasi zu dem geformt, was du heute bist, und du hast stets geglaubt – das wärest du.

Seit Jahren, Jahrzehnten hast du möglicherweise ein völlig falsches Bild von dir selbst und es liegt an dir, es zu korrigieren. Es hilft schon mal, wenn du das

Bild hinterfragst und Schritt für Schritt beginnst, dich nicht mit dem zu identifizieren, was deine Identität bislang ausgemacht hat, beginnend bei deinem Namen bis hin zu Alter, Beruf oder Nationalität. Es sind die Erfahrungen eines Stammes, die dich dem Stamm der Deutschen, Japaner oder Chilenen zuordnen. Erfahrungen, die nicht deine eigenen sind, aber trotzdem wirst du einsortiert, und du nimmst es hin. Und irgendwann bist du bereit, einem anderen, nur weil er zu einem anderen Stamm gehört, Schmerzen zuzufügen, wie es früher die Regel war (und leider heute vielerorts noch ist), wie all die Kriege im Namen des Vaterlandes, der Volksgruppe oder Religionszugehörigkeit zeigen. Sich mit irgendetwas zu identifizieren, sei es ein Land oder eine Fußballmannschaft, bringt stets Konkurrenzdenken mit sich, und diese Art des Denkens führt selten zum Glück. Es bedeutet meistens, nach den Regeln der anderen zu leben und sich selbst nicht mehr als Individuum zu sehen.

Entscheidend für das gesamte Leben ist − aus welcher Blickhöhe du auf dein Leben schaust. Je enger dein Blickfeld, je kleinkarierter also dein Blick, desto unglücklicher und unausgewogener wird dein Leben. Wenn du dich jedoch auf eine Metaebene begibst und von dort empfindest und lebst, jenseits einer Nationalität oder einer Religion, jenseits deines Namens und so weiter, desto einfacher und glücklicher wird dein Leben.

Hinterfrage das Bild, das du von dir hast, stets aufs Neue. Jede neue Entdeckung, die meist als Überraschung daherkommt, befördert dein Glücksgefühl.

Worum geht es dir im Leben?

Was tust du tagtäglich, stündlich … Was tust du wirklich und wofür tust du es? Wofür verwendest du die Energie, die dir geschenkt wurde?

Befrage dich gründlich und gib dir eine ehrliche Antwort … Diese Antwort wird dir womöglich nicht gefallen, denn sie wird in den meisten Fällen niederschmetternd sein. Warum? Weil du die meiste Zeit nicht das tust, was du immer tun wolltest und wozu du möglicherweise berufen wurdest. Damit meine ich die Talente, die in dir schlummern und dir noch nicht bewusst sind. Es gibt eine Menge Berufe, die bei genauerer Betrachtung unnütz sind und häufig eine sehr negative Auswirkung haben, für dich, für die anderen und für die Umwelt. Und indem du ihn ausübst, bist du oft Teil eines großen Profites und in deinem tiefsten Inneren weißt du es auch. Ein solcher Beruf stumpft dich nach und nach ab, aber das willst du dir nicht eingestehen. Von morgens bis abends, immer dasselbe. Du hasst, was du tust, und ja, du tust es trotzdem. Ein Leben lang …

Wie können wir in einem solchen Alltag voller innerem Widerstreben, in dem es nur noch darum geht, den Tag möglichst schnell herumzukriegen, von glückseligem Leben reden? Es geht nicht darum, ob das Geld, das du für deine Tätigkeit bekommst, dir ermöglicht, die Erfüllung deiner Sehnsüchte zu erkaufen. Es geht viel mehr darum, ob du durch das, was du tust, erfüllt bist. Ob du das Gefühl hast, etwas Sinnvolles zu tun. Ob du im Einklang bist mit dir selbst und der Welt um dich herum. Ob du jeden Tag mit Freude aus dem Bett springst oder aber ein Leben lang auf das Wochenende wartest und jede Woche den Montag verfluchst. Ist Letzteres der Fall, müssen wir leider von einem vergeudeten Leben sprechen.

Weißt du überhaupt, worum es dir im Leben geht? Hast du eigentlich darauf eine Antwort? Eine kurze und knappe Antwort, ohne Umschweife.

Stell dich vor den Spiegel und beantworte ehrlich diese Frage:

Worum geht es mir in meinem Leben?

Egal wer du bist, Professor, Verleger, Sportler, Künstler, Beamter, Kaufmann oder Raumpfleger…

Worum geht es dir, was gibt dir deine Tätigkeit?

Geht es dir letztendlich um die Rente? Oder um einen warmen Platz im Paradies nach dem Tod?

Was ist dein Modell des Lebens? Deine Vision? Wenn du überhaupt eine hast.

Wofür lebst du?

Suchst du nach dem Sinn des Lebens, oder bist du selbst der einzige Sinn in deinem Leben?

Welche Welt trägst du in dir?

Wenn das, was dein alltägliches Leben ausmacht, ausgeblendet sein würde und du eine lange Zeit auf einer einsamen Insel zubringen müsstest … Was würde dann von deiner Welt übrig bleiben?

Es wäre doch interessant, darüber nachzudenken und deine Welt, dieses System, das du dir geschaffen hast, zu beschreiben.

Tue es noch heute ...

Es gilt:

Ohne Selbstverwirklichung ist kein glückliches Leben möglich. Um dahin zu kommen, brauchst du die Bereitschaft, die neuen Herausforderungen anzunehmen, die gleichzeitig deine Chance sind, dein altes, unglückliches Leben hinter dir zu lassen.

Was ist der Sinn des Lebens?

Wir suchen ihn und tun uns zu Recht so schwer damit.

Dabei ist die Sache ziemlich einfach – unser Leben hat einen Sinn, wenn wir ihm einen geben. Und das können nur wir ganz alleine tun, die äußeren Umstände können uns natürlich dabei helfen, aber die hilfreichen Umstände wollen von uns erkannt und in die richtige Bahn gelenkt werden.

Die Existenz an sich ist sinnlos, was nicht heißt, dass es keinen Sinn hat zu leben, aber die Frage der Sinnhaftigkeit spielt einfach keine Rolle. Um uns herum geht auch ohne Beantwortung der Sinnfrage das Leben wie gewohnt weiter. Niemand außer uns Menschen fragt nach einem Sinn im Universum.

Um unsere Existenz zu rechtfertigen, haben wir Menschen für unser Leben den Maßstab namens Sinn erfunden und anschließend die Antwort auf die Sinnfrage tausendfach, vielleicht sogar millionenfach uminterpretiert. Je nach Befindlichkeit und Nutzen.

Doch das Sein an sich ist schon der Sinn, so wie der Weg das Ziel ist.

Ohne den menschlichen Blick auf das Sein gibt es auch keine Frage nach seinem möglichen Sinn.. Oder hat die Existenz eines Steins einen Sinn? Nur der Mensch gibt dem Stein einen Sinn, je nach Nutzen und Situation. Deswegen ist die Frage, ob das Leben einen Sinn hat, an sich schon falsch. Nur der Mensch stellt sich die Frage, aber das Leben beschränkt sich nicht nur auf den Menschen, das Leben zeigt sich ebenso in den Tieren, Pflanzen oder Gesteinen.

Fragen Sie mal einen Schakal, ob sein Leben einen Sinn hat, oder eine Ameise oder eine Eiche, eine Blume. Alle Lebensformen existieren einfach und darin liegt auch ihr Sinn: Ich bin da und ich lebe einfach, so lange es möglich ist. Die Frage nach einem Sinn dient nur der Rechtfertigung mit Blick auf eine Zukunft, doch diese ist ohnehin nur eine Idee. Wenn wir die Bezugsgröße Zukunft vergessen, erlischt auch die Frage nach dem Sinn des Ganzen, was bleibt, ist die Unmittelbarkeit des Jetzt – die Sinnfrage bezieht sich immer nur auf die Zukunft. Wenn du dir des Augenblickes bewusst bist und völlig in dem aufgehst, was du gerade tust, dann braucht dein Tun keinen Sinn, weil die Zukunft in dem Moment keine Rolle spielt. Die menschliche Sinnsuche entspringt sehr stark dem Motiv, der Nachwelt unbedingt etwas hinterlassen zu wollen. Ich tue etwas, also muss es Bestand haben, damit es Generationen überdauert, natürlich verbunden mit meinem Namen. Die Spielchen des Egos.

Ich war hier! Du warst hier!

Es fängt schon beim Thema Familie und Kinder an. Das Stammesdenken – der Auslöser für unzählige Kriege und Konflikte. Heute wie gestern.

Und leider scheint kein Ende in Sicht zu sein.

Sei dir einfach dessen bewusst.

Wenn du unbedingt einen Sinn hinter all dem, was Leben genannt wird, brauchst:

Die Erforschung und Deutung unserer Existenz – was könnte es denn Sinnvolleres geben als das?

Was ist Unsere Wirklichkeit?

Sie wird von niemand anderem als von uns selbst erschaffen, und sie gilt nur für uns. Eigentlich ist sie eine Illusion und hat mit der absoluten Wirklichkeit gar nichts zu tun. Was für uns die Wirklichkeit ist, kann für die anderen unwirklich sein. Also müssen wir zugeben, dass unser Leben eine von uns erschaffene Illusion ist. Das ist keine Tragödie für uns, denn wenn diese oder jene Illusion uns nicht gefällt, können wir sie durch eine andere ersetzen, die besser zu uns passt. Wir haben also die Wahl, ohne ein schlechtes Gewissen haben zu müssen, denn egal für welches Modell wir uns entscheiden, es wird immer eine Illusion bleiben. Die wirklich wahre, 100%ige Wahrheit gibt es nur dann, wenn wir nicht mehr da sind und alles stillsteht - also wenn in unseren Köpfen keine Bewertungen mehr stattfinden und keine Wünsche, Sehnsüchte und ähnliche Begehrlichkeiten aufkeimen, wenn also unser Verstand nicht mehr sortiert und filtert und auch unsere Emotionen schweigen. Wenn wir tot sind, dann zeigt sich endlich die reine und unverfälschte Wahrheit.

Somit ist der Tod der Weg zur Wahrheit. Nur ohne uns. Ohne Verstand. Ohne jede Möglichkeit, sie zu verstehen. Ohne Ego.

Ein Beispiel:

Die Wahrheit gibt es auf dem Mars. Weil es dort kein Lebewesen wie etwa einen Menschen gibt, der sie verfälschen kann. Kommt der Mensch auf den Mars, dann verschwindet die Wahrheit. Die Wahrheit ist wie das Wasser, versuchst du es in der Hand zu halten, zerrinnt es dir sofort zwischen den Fingern. Was bleibt, ist nur die Erinnerung an das Wissen, die vom Verstand auf tausendfache Weise interpretiert werden kann.

Sollte unsere Annahme zutreffen, dass die Tiere ihrer selbst nicht bewusst sind und die Dinge nicht bewerten wie wir Menschen, dann sind sie der Wahrheit um einiges näher als wir.

Unsere Grenzen im Kopf

Wir denken, dass Grenzen uns schützen, unser Leben einordnen helfen und uns damit den orientierenden Rahmen geben.

Ist das wirklich so?

Schützen Grenzen nicht eher unsere Ängste? Ängste vor etwas Neuem? Vor Veränderungen?

All diese Grenzen in unserem Leben tragen dazu bei, dass wir Stück für Stück auch Grenzen in unseren Köpfen hochziehen. Die Grenze zu einem Land trennt uns von den Menschen in jenem Land und schafft damit die unsäglichen Vorurteile. Grenzen in unserem Kopf bestimmen unser Leben, sie sind bereits seit frühester Kindheit in unsere Köpfe eingewachsen und es bedarf sehr viel Wachheit und vor allem sehr viel Mut und Einsicht, um sie zu demontieren. Sie machen uns blind für die natürliche Schönheit des Lebens und verringern deutlich unsere Chancen auf ein erfülltes und glückliches Leben. Unsere Blindheit schränkt die Qualität unseres Lebens massiv ein. Erst wenn wir diese auferlegten, künstlichen Grenzen aufheben, offenbart sich uns die Intensität und die Fülle unserer Existenz.

- Mensch, was war ich blind!

Werden wir womöglich nach unserem Erwachen laut ausrufen.

Was ich nicht weiß, macht mich nicht heiß – nach diesem Prinzip lebt vermutlich der Großteil der Menschheit. Wer sein ganzes Leben im Gefängnis verbracht hat, kann sich nicht wirklich vorstellen, wie es ist, in Freiheit, voller neuer Chancen zu leben.

Jede Grenze im Kopf, die gesprengt wird, bedeutet, den Weg frei zu machen für neue Möglichkeiten. Das Unmögliche erscheint plötzlich möglich und die Ängste, diese verdammten Ängste verschwinden endlich.

Nur ein Leben ohne Ängste macht den Weg frei für ein glückliches Leben.

Wir und die anderen

Wenn wir über unser Leben nachdenken und uns die Probleme, die uns begleiten, vergegenwärtigen, landen wir oft bei unseren Mitmenschen, bei den anderen. Es sind immer die anderen, die uns das Leben schwer machen.

Wer sind denn in Wirklichkeit diese anderen?

Die anderen, das sind immer wieder Du´s in anderer Verkleidung. Was du an dir hasst oder gehasst hast oder auch dir wünschst oder gewünscht hast, siehst du nun in deinem Gegenüber verkörpert. Doch du glaubst, dass eine klare Linie gezogen werden muss – ich bin ich und die anderen sind die anderen. Sie haben mit mir nichts zu tun.

In unserer von Grenzen kontrollierten Welt erscheint es uns oft hilfreich in den Kategorien „wir" und „die" zu denken und zu handeln. Oft sind diese anderen abstrakt, es sind einfach nur die … Die haben gesagt … Die wollen es nicht … Die sind dagegen … Oder: Wenn es die nicht gäbe, ginge es uns doch viel besser …

Und der Klassiker: Die sind schuld an meinem Unglück …

Manchmal sind die anderen auch konkret, haben Namen und sind mal nah und mal fern von uns. Es bleiben aber immer die anderen. Diese anderen sind die Sündenböcke für unsere Unzulänglichkeiten. Sie sind die Bösen. Wir aber sind die Guten. Und das Komische und Tragische zugleich ist – diese anderen, also die Bösen, sie denken genauso über uns. Wir sind schuld an deren Unglück. Diese Denkweise ist es, die in der gesamten Menschheitsgeschichte immer wieder zu Spaltung, zu Abgrenzung und Abwertung geführt und uns viel Übles beschert hat, bis zum heutigen Tage. Diese Spaltung ist und bleibt die Ursache der Kriege und Konflikte dieser Welt und sie beginnt auf der persönlichen Ebene jedes einzelnen Menschen. Dieses Schwarzweiß-Denken – wir haben recht, sie haben unrecht. Es ist schon erstaunlich, mit welcher Aggressivität wir Menschen unsere „Überzeugungen" verteidigen. Dabei sind es meistens austauschbare Überzeugungen und Meinungen, die allzu oft sogar auf den Gedanken anderer beruhen, also nicht einmal aus unseren ureigenen Erfahrungen erwachsen. Doch wir Menschen sind bereit, für „unsere" Überzeugungen andere Menschen umzubringen. So lange wir in dieser Teilung sind, so lange begleitet uns das Unglück.

Die Dämonen der Vergangenheit

Vergangenheit wirkt wie eine Droge. Wie eine Droge uns betäub, so versetzt uns die Vergangenheit in einen beinahe hypnotischen Schlaf. Vergangenheit betört uns, verspricht uns süßlichen Genuss, lullt uns ein und entschuldigt all unsere Fehlgriffe und Misserfolge. Vergangenheit macht uns bedeutsam. Sie lässt uns beinah unbegrenzte Möglichkeiten, unsere Handlungsmöglichkeiten im Hier und Jetzt in ihrem Sinne umzuinterpretieren. Und obwohl es sich um die Vergangenheit handelt, ist sie in uns stets präsent. Vielleicht sogar die einzige Form, die im Hier und Jetzt lebt, sie ist jederzeit formbar und dehnbar, wie es uns gerade passt. Wir Menschen sind Meister darin, uns oder die anderen zu manipulieren. Das tun wir auch mit unserer Vergangenheit. So züchten wir unsere Dämonen der Vergangenheit, die uns aus jeder Ecke belauern und angrinsen – hallo, hier bin ich. Sie sind zynisch und jederzeit abrufbar.

Ihr einziger Wunsch: Immer präsent zu sein.

Kann es eine Vergangenheit jenseits des Verstandes geben? Also wenn es niemanden gibt, der in Vergangenheit und Zukunft unterteilt … Es sieht so aus, als existiere die Vergangenheit nur in den

Köpfen der Menschen, denn die Vergangenheit an sich, ohne einen Bezugsrahmen, kann es nicht geben, sie ist tot. Es gibt nur die Gegenwart, es ist immer „jetzt". Wie es auch gerade in diesem Augenblick „jetzt" ist. Der Mensch bringt die Zeit in die Welt. Die Gegenwart braucht keine Zeit, Zeit gibt es nur diesseits und jenseits der Gegenwart

Doch wir leben oft in der Vergangenheit, obwohl das weder Hand noch Fuß hat. Es ist eine Art Halluzination.

So ist die Vergangenheit nur eine menschliche Vergangenheit und auch die Zukunft ist nur menschliche Zukunft. Allen anderen Geschöpfen sind diese Zuordnungen völlig fremd und damit auch völlig egal.

Der Blick durch das Perspektivenfenster

Wir sehen unser Leben aus unserer Perspektive, also aus einer einzigen Perspektive. Es ist stets eine sehr subjektive Perspektive. Sehen, schmecken, hören, riechen, empfinden … Alles nur aus einer Sicht. Je nachdem, wie die Gesellschaft uns konditioniert hat …

Das heißt: Mein ganzes Leben lang betrachte ich die Welt nur aus einem einzigen Fenster, während es viele, unzählige Fenster gibt, eine Fülle von verschiedenartigsten Fenstern.

Nur ein Fenster. Also nur ein Kinofilm. Und das genügt uns leider …

Dabei könnten wir viele Fenster öffnen und von dort hinausblicken. Wir würden trotzdem wir selbst bleiben … Und was wir alles sehen würden, was für Möglichkeiten sich auftun würden …Unzählige, vielfältige, eine reihte sich an die andere …

Aber zunächst wollen wir uns der Tatsache der Armseligkeit eines einzigen Fensters in der bunten Welt voller Möglichkeiten widmen. Stell dir vor, du betrachtest die Fülle dieser Welt aus dem Fenster eines Staatsdieners, also eines Beamten. Überall nur Gesetze, Paragraphen und Zahlen, nichts als Zahlen. Das alles würde dein Leben ausmachen. Die Welt als Gesetzeswerk. Oder die Welt als Zahlenwerk. Die Menschen darin – nur Zahlen oder Gesetzesbrecher und Gesetzestreue ... So sähe das Fenster aus, durch das der Beamte und damit der Staat auf die Menschen schaut. Wie sähe dagegen das Fenster eines Wallstreet Brokers aus? Ein Fenster, aus dem man nur Gewinne oder Verluste sieht, kaufen, verkaufen und nichts anderes ... Selbst beim prachtvollsten Sonnenaufgang würde man nur an Gewinne und Verluste denken. Oder wie sähe der Blick durch das Fenster eines Müllmanns aus? Überall Müll, nichts anderes. Auch die Kunst wäre durch dieses Fenster betrachtet nichts als Müll. Die Liste ließe sich unendlich fortsetzen ... Was wir durch unser Fenster sehen, formt unser Leben, unseren Geschmack, unsere Erwartungen an das Leben.

Warum versuchen wir nicht, in unserem Leben aus vielen Fenstern zu schauen, warum nicht einfach mal die Perspektiven wechseln und erweitern? Als Steuerfachmann aus dem Fenster eines Künstlers schauen oder als Starschauspieler aus dem Fenster eines Fabrikarbeiters, das Fenster des Politikers mit dem Fenster eines Obdachlosen tauschen.

Das könnte unsere festgefahrene Sicht der Dinge verändern und einiges in unserem Leben in Frage stellen, möglicherweise auch Antworten auf viele Fragen liefern.

Betrachte dich selbst aus der Perspektive der anderen. Versuche zu verstehen, wie sie dich sehen. Sieh dich selbst, als wärest du eine andere Person.

In Konkurrenz leben

So lange du in der Konkurrenz lebst, wirst du nie die unverfälschte Glückseligkeit des Seins finden. Nach der Logik des Konkurrenzdenkens wirst du nach einiger Zeit des Glückes wieder unruhig, wenn du plötzlich jemandem begegnest, der glücklicher zu sein scheint als du selbst. Da fragst du dich – was habe ich nur falsch gemacht? Wie hat er das bloß geschafft?

Und so geht es immerzu weiter mit den Menschen, wenn sie in Konkurrenz, also im Wettbewerb zueinander stehen. Konkurrenz mag das Geschäft beleben, bessere und noch bessere Produkte hervorbringen, aber uns Menschen macht sie unglücklich und raubt uns den Seelenfrieden. Konkurrenzdenken macht uns einfach fertig und unfähig, dauerhaft Glück zu empfinden. Menschen mit perfektioniertem Konkurrenzdenken ähneln wilden Tieren, die um keinen Preis bereit sind, auf ihr Stück Revier zu verzichten oder dort jemand anderen zu dulden. Es herrscht tatsächlich eine Reviermentalität. Wilde Tiere haben allerdings den Vorteil, dass sie die Sorge um Verteidigung und Zukunft nicht mit in den Schlaf nehmen, sondern instinktiv handeln. Wir Menschen dagegen verbringen Tage und Nächte damit, zu überlegen, wie wir besser und schneller als die anderen sein können. Und weil wir das nicht auf Dauer leisten können, werden wir aus Sorgen und Kummer krank und unglücklich. Das Konkurrenzdenken lässt uns unseren Ursprung vergessen. Je mehr du dich in Sorgen hineinsteigerst, desto mehr verlierst du dich selbst. Du wirst zum Spielball des Verlangens der anderen. Dazu kommen die ständige Anspannung und der Stress.

Konkurrenzdenken macht krank und duldet keine Glückseligkeit, höchstens ein kurzes Glücksgefühl für ein paar Minuten, ausgelöst vielleicht durch die Nachricht, dass du heute gewonnen hast, was auch immer. Ein Mensch mit Konkurrenzmentalität kann kein friedvolles und glückliches Leben führen. Er ist getrieben von seinem Ego, besser zu sein als die Welt. Er will immer mehr und mehr und mehr … und empfindet Glück tatsächlich nur noch dann, wenn er der Gewinner ist. Nur wenn er vorn ist und all die anderen hinter ihm.

Nur, wie lange kann das gutgehen?

Die Energievampire

Das sind ganz normale Menschen wie du und ich und vielleicht haben sie keine bösen Absichten, aber trotzdem ist die Nähe zu diesen Menschen glücksgefährdend. Es geht um Energievampire, die nur davon leben, ihren Mitmenschen die vorwärtstreibende Lebensenergie auszusaugen. Wir haben alle solche Menschen in unserem Umfeld, aber die wenigsten von uns merken, wie ihnen bei Begegnungen mit diesen Menschen Stück für Stück die Energie schwindet. Dabei ist unsere Lebensenergie die Glücksenergie. Dieser Prozess geht sehr subtil auf mentaler Ebene vonstatten, nicht so, als ob sie die Energie wie über einen Katheter absaugen würden. Es beginnt ganz harmlos, beispielsweise durch ständige Unverbindlichkeit. Du freust dich auf ein Treffen und in letzter Minute wird das Treffen abgesagt. Oder durch ständige Unpünktlichkeit. Die am meisten verbreitete Form aber ist, wenn deine Ideen, kaum dass du sie geäußert hast, voller Freude, sie bald umsetzen zu können – gleich für blöd und damit für tot erklärt werden, vergiss es, das wird sowieso nichts. So begräbst du deine Ideen, kaum dass sie geboren wurden, du verlierst jede Lust und Motivation, sie umzusetzen. Und die Vampire lachen sich ins Fäustchen und saugen dir die Energie aus dem Körper, die du für dich und deine Träume gebraucht hättest.

Vampire empfinden das Glück der anderen als eigene Niederlage, also werden sie es dir beim ersten Anflug von Glück sofort nehmen wollen, als ob sie dir das Blut aus den Adern ziehen und für sich nutzen wollten.

Ein wacher und aufmerksamer Mensch durchschaut ziemlich schnell, was vor sich geht, und beendet den Kontakt. Stattdessen findet er neue, inspirierende Menschen, die ihn stets ermutigen.

Solche Menschen sind ein Segen für uns.

Die unsichtbare Brille

Die unsichtbare Brille tragen wir ein Leben lang, sie beeinflusst unser Empfinden Tag und Nacht. Was wir in unseren Träumen sehen, wenn wir schlafen, geht beim Übergang in den Wachzustand nahtlos über in einen anderen Traum, den wir für die Realität halten. Doch auch diese ist gefiltert durch unsere unsichtbare Brille. Wir tragen sie zu jeder Zeit, egal ob sie unsere Realität rosarot oder dunkelschwarz einfärbt. Sie ist stets da, als wäre sie in unsere Augen einoperiert und unmittelbar vom Gehirn gesteuert. Was wir wahrnehmen, ist also eine Illusion. Jeder von uns trägt sein eigenes, zumeist sehr unterschiedliches Modell dieser Illusion mit sich. Wir leben geschätzte 90% unseres Lebens in unseren Gedanken, Überlegungen, Tag- und Nachtträumen … All das hat mit der neutralen Wirklichkeit außerhalb von uns nur sehr wenig zu tun. Wir erschaffen unsere eigene illusionäre Welt, die erstaunlicherweise nicht immer zu unserem Besten ist. Allen steht es frei, ihre persönliche Illusion zu erschaffen. Sich eine solche Illusion erzeugen zu können, ist wahrscheinlich die größte Gabe von Homo Sapiens, das unterscheidet uns von den anderen Wesen dieses Planeten. Das Leben in der Illusion ermöglicht es den Menschen, wunderbare

Romane zu schreiben, grenzenlose Phantasiewelten zu erschaffen, Kunst, Kino, die Vorstellung von Himmel und Hölle … Gott … Diese Fähigkeit zur Illusion hat uns Menschen zu dem gemacht, was wir heute sind. Das Bittere daran ist nur, dass wir überwiegend unglücklich sind, sehr oft sogar todunglücklich. Nach einer kurzen Phase des Glücks kommt das große Unglück, und so geht es weiter und weiter … Unsere Illusion ist also meistens negativ und zerstörerisch für uns.

Warum also nicht an einem neuen, zu uns passenden Modell der Illusion arbeiten?

Die Medienhaie

Es geht nicht nur um die schlechten Nachrichten, die jeden Tag auf uns einprasseln und uns die Laune versauen, das ist nur die eine Seite von Fernsehen, Internet und Co. Die zweite Seite ist weit schlimmer, denn ihr kann niemand entgehen, der sich stunden- oder tagelang dem Medienkonsum hingibt, von frühmorgens bis in die späte Nacht. Die Medien nehmen dir das, was dich ganz allgemein als Mensch ausmacht, sie nehmen dir das, was noch von dir übrig ist, nämlich das Urteilsvermögen. Medien halten dir immerzu vor, dass du austauschbar bist, dass dein Leben nichts wert ist und dass es nur einen Sinn gibt in deinem Leben, wenn du siegst, wenn du erfolgreich und schön bist. Es zählt nur der Wettbewerb und die jeden Tag neu definierte „Schönheit".

Medienkonsum ist der direkte Weg, das Ticket in das Land der Unglücklichen. Ein Mensch, der für den Medienkonsum lebt, wird sich nie glücklich fühlen, er kam aus Enttäuschung auf diesen Weg, und diese Enttäuschung wird bis auf ewig fortgeschrieben werden. Außerdem wird mit deinem Unglücklichsein und deiner Sucht reichlich Geld gescheffelt. Und am Ende deines Lebens wirst du in die Röhre gucken. Du wirst feststellen, dass du um dein Leben gebracht und zu einem Zombie gemacht wurdest. Das Einzige, woran du dich erinnern wirst, sind die Serien und Talkshows, die du im Fernsehen oder Internet geschaut hast.

Ist das das Leben, das du dir erträumt hast?

Unsere Lebensaufgabe sollte (unter anderem) darin bestehen, den Müll, die negativen Schwingungen und all die unschönen Dinge, die wir tagtäglich konsumieren und denen wir ausgesetzt sind, aus unserem Leben herauszufiltern und diesen ungebetenen Eindringlingen keine Chance zu geben, in uns Wurzeln zu schlagen, denn leider geschieht das oft unbemerkt. Haben sie erst einmal Wurzeln geschlagen, dann wird es sehr schwer, wieder zu sich zu kommen, dann wirst du zu einem Fremden in deinem eigenen Körper.

Neidgefühle

Wann hast du zuletzt jemandem zu einem Erfolg gratuliert oder Glück für ein Vorhaben gewünscht?

Aus ganzem Herzen und aufrichtig und ohne dabei an dich und deinen eigenen Vorteil gedacht zu haben?

Es scheint ein Programm in uns zu geben, das bei einem Erfolg eines Mitmenschen sofort gegenreagiert und uns denken lässt:

Warum habe nicht ich diesen Erfolg?

Warum er (oder sie)?

Kommt dir das bekannt vor?

Jedes Erfolgsergebnis eines anderen ruft die Fantasie auf den Plan, an Stelle der Erfolgreichen sieht man sich selbst und man denkt unwillkürlich, dass MAN SELBST eigentlich dort stehen sollte und nicht er oder sie. Unabhängig davon, ob der Erfolg einem gebühren würde oder nicht.

Außer unseren Familienmitgliedern und Freunden gönnen wir kaum jemandem den Erfolg. Sobald die anderen etwas mehr Erfolg haben als wir, bereitet uns dies schlaflose Nächte und wir beginnen die Person, die erfolgreicher ist als wir, zu hassen.

Dahinter steckt in den meisten Fällen Neid.

Er macht uns blind und verbittert uns. Unsere Ego meldet sich zu Wort und spielt den Verletzten.

Kommt dir das nicht kindisch vor?

Es ist doch jedem genau das Geschenk gegeben worden, das einzulösen er imstande ist. Warum also auf das Geschenk, das andere erhalten haben, neidisch sein? Du hast genug in dir, mehr als genug, um ein erfülltes und glückliches Leben führen zu können. Du solltest sie nur suchen und finden, die geschenkten Pfade zum Glück, die warten, von dir, in dir entdeckt zu werden.

Bist du wichtig?

Niemand ist wirklich wichtig.

Es hilft ungemein, wenn man sich dies klarmacht und sich selbst nicht zu wichtig nimmt, bei aller Einzigartigkeit unser aller, deiner und meiner Person. Das gilt auch für die Genies auf unserem Planeten. Wenn es Mozart nicht gegeben hätte, dann wäre Knotzart gekommen und hätte eine etwas andere, aber genauso geniale Musik komponiert. Oder auch nicht. Statt Einstein gäbe es womöglich Schweinstein oder keinen von beiden. Wir würden es nicht wissen und deswegen auch nicht vermissen. Auch ohne Relativitätstheorie haben die Menschen prima gelebt ... Oder nehmen wir unsere Erde selbst. Gäbe es sie nicht, würde es unser Universum trotzdem geben und niemand würde unseren Planeten und uns Erdenbewohner vermissen.

Wie wichtig wir uns manchmal nehmen, ist wirklich schmerzhaft lächerlich.

Doch unser Ego kann einfach nicht anders. Er muss immer da sein, immer präsent, es braucht ständig Futter, das wir ihm bereitwillig geben. Es ist sehr befreiend, diese Wichtigtuerei unseres Egos zu durchschauen und zu versuchen zu leben, ohne es ständig zu befeuern.

Aufgrund der Eigenschaften, die uns als Menschen ausmachen, nehmen wir uns als Zentrum des Universums wahr. Alles, was geschieht oder nicht geschieht, definieren wir im Bezug auf uns. Das ist einerseits richtig und andererseits falsch. Ja, wir sind ein Teil des Universums, sind verbunden mit ihm. Und nein, wir sind mit ihm nicht persönlich verbunden. Und trotzdem nehmen wir, ob gute oder schlechte Ereignisse, alles persönlich. Und darin liegt auch unser Unglück. Wenn diese persönliche Bezugnahme aufhört, hört auch das Unglück auf.

Es geht einfach um die Sichtweise, für die wir uns entscheiden. Wenn du nur aus deiner Egosicht aufs Universum siehst, dann bist du dünnhäutig, kleinkariert und beinah blind. Blind für die Einzigartigkeiten, die uns unser Umfeld ununterbrochen präsentiert. Lässt du aber diese Sichtweise hinter dir und siehst aus viel höherer Sicht auf deine Existenz – das heißt, schaltest du dein Ego ab, verbrüderst du dich mit dem Universum und lässt die Dinge wertfrei geschehen, dann offenbart sich dir die ganze Fülle unserer Existenz.

Auch Glück genannt.

Gibt es Gott?

Unsere angeborene Unfähigkeit, die Zeit vor und nach unserer eigenen Existenz akzeptieren zu können als eine Zeit ohne uns, führt immer noch zu den blühendsten Phantasien, wie es wohl war und wie es wohl sein wird, wenn wir nicht mehr da sind. Wir Menschen haben sie nie erfahren, aber dennoch behaupten wir, sie zu kennen, die „Realität" außerhalb unseres Seins. Unser Geist lässt diesbezüglich einfach nicht locker, er hakt immer und überall nach, wo immer und wann immer er kann. Der größte Ausdruck dieser Unfähigkeit ist mit Abstand die Erfindung des allmächtigen Herrschers, des alles Umfassenden – die Erfindung eines allmächtigen Gottes. Eines Gottes als eines Individuums, das spricht, handelt, Gesetze erlässt und straft, und nicht Gott als Energie oder, wie die Wissenschaftler es seit Neuestem nennen, als Null-Punkt.

Hat dieser Gott, der uns bestraft und stets kontrolliert, jemals existiert?

Er war und ist nur in den Herzen und den Köpfen der Menschen zu Hause. Und wie es aussieht, wird er dort noch lange, wenn nicht sogar ewig, bleiben und wirken. Er wird uns nie verlassen. Abgesehen davon, dass die Menschen sich damit der Illusion eines irgendwo in fernen Welten lebenden und uns kontrollierenden Gottes hingeben, ist es gut so, wie es ist. Der Mensch braucht eine moralische Instanz über sich, die höher und mächtiger ist als er, trotzdem menschliche Züge hat und eine Moral nach menschlichem Maßstäben vertritt statt eine göttliche. An dieser Stelle wäre interessant darüber nachzudenken, ob es tatsächlich so etwas wie göttliche Moral gibt, denn bis jetzt haben wir nur menschliche Vorstellungen von Moral kennengelernt, die die Menschen ihrem Gott zuschreiben, obwohl sie aus menschlichem Geist entstanden sind.

Glaube gibt Kraft und Ausdauer, aber nicht nur der Glaube an eine göttliche Kraft, sondern auch ein Glaube im Sinne des unbeirrten Festhaltens an einem Ziel oder einer Idee. Ein solcher Glaube schenkt vielen sogar den Sinn des Lebens, Menschen sind dank ihres Glaubens zu erstaunlichen Dingen fähig. Galileo glaubte unbeirrt an seine Entdeckung der um die Sonne kreisenden Erde und war bereit, dafür zu sterben. Einige Menschen würden ihr Leben geben für Satan, manche wären bereit, für Heimat, Volksgruppe oder Vaterland zu sterben. Der gemeinsame Nenner all dieser Beispiele ist der Glaube an eine irgendwie geartete Idee. Nie geht es um die konkrete Gegenwart, um das Glück hier und jetzt. Es geht um Zukünftiges, nicht selten um den großen Ruhm in einer fernen Zukunft, auch über den Tod hinaus.

Die Menschen mussten sich einen Gott erfinden, um ein Vorbild zu haben, das größer ist als sie selbst. Gott ist eine perfekte Illusion, die unser Leben erträglicher macht. Er ist ein Teil unseres Bewusstseins, für viele sogar die letzte Hoffnung, und das ist auch in Ordnung so. In einer „gottlosen" Gesellschaft würde wahrscheinlich ein großer Teil der Menschen zum Tier werden.

Problematisch wird es, wenn wir im Namen Gottes missionieren, wie es die organisierten Religionen seit eh und je tun. Sie haben Gott für sich reklamiert und nutzen ihn für ihre Zwecke.

Dann hat der Mensch seinen Gott nicht nur nach seinem Bilde geformt, sondern auch zu seiner Waffe gemacht.

Verpasste Chancen und Zufälle

Was verpasst man wirklich im Leben?

Kennst du das Gefühl: Während du schläfst oder nichts tust, tobt draußen das Leben und dort, wo du sein solltest, ist ein anderer und nimmt womöglich deinen Platz ein. Der andere hat den Arbeitsplatz, den du haben wolltest, hat den Menschen kennengelernt, den du kennenlernen wolltest, aber du warst ja nicht da. Die Zeit läuft, jede Sekunde, die vergeht, ist eine Sekunde weniger in deinem Leben, aber du bist immer noch kein Popstar, hast immer noch keine Million im Lotto gewonnen und der Prinz oder die Prinzessin lässt immer noch auf sich warten … Die Liste könnte beliebig verlängert werden.

Das ist ein Leben mit dem Blick auf die anderen. Es ist ein Denken der Teilung – ich und die anderen. Die anderen haben etwas, ich aber nicht. Aus dieser Perspektive haben die anderen es immer gut, nur ich bin benachteiligt. Die anderen bekommen alles, auch die vielen Chancen, nur ich nicht …

Dabei könnte es sein, dass diese „anderen" über dich genauso denken.

So ein Leben ist ein Leben im permanenten Stress, weit entfernt von Glück und Erfüllung.

Im Grunde verpasst du überhaupt nichts im Leben. Die Chancen sind immer da, und zwar nicht draußen bei den anderen, sondern bei dir, in dir und um dich herum. Und wenn du sie bis jetzt nicht wahrgenommen hast, dann hatte das bestimmt seine Gründe. Entweder warst du noch nicht so weit oder sie passten nicht zu dir. Oder du warst zu sehr damit beschäftigt, die Erfolge der anderen zu beneiden, statt deine eigenen Chancen zu fühlen und auch zu nutzen.

Auch wenn immer so gerne behauptet wird, es gäbe keine Zufälle im Leben – Zufälle sind die Garanten dafür, dass wir jeden Tag unzählige Chancen haben. Gäbe es keine Zufälle, dann wäre alles vorbestimmt, und das wäre eine fürchterliche Erkenntnis, wir wären dann nur noch die Akteure in einem Drehbuch, ohne einen wirklichen freien Willen. Die Dinge geschehen, so wie sie geschehen, und es gibt Abermilliarden Möglichkeiten zur Weiterentwicklung eines Geschehens, unsere Entscheidungen zählen auch dazu.

Die Zufälle sind es, die uns die Freiheiten ermöglichen. Auch unser Schicksal besteht aus Zufällen.

Persönliche Freiheit

Kann ein Mensch ohne persönliche Freiheit jemals glücklich werden?

Okay – Freiheit ist ein großes Wort und jeder von uns würde sehr unterschiedliches darunter verstehen, aber zumindest ist Freiheit das Empfinden, unabhängig zu sein.

Wer ist denn jemals wirklich frei?

Ist es überhaupt möglich, in unserer globalisierten Gesellschaft, wirklich frei zu sein?

Frei ist jemand, der ohne jede Abhängigkeit lebt und wirkt.

Möglicherweise ist ein mittelloser Obdachloser freier als der US-Präsident. Macht und enorme Verantwortung können das Gegenteil von Freiheit bedeuten. Alles, was bindet und zu Abhängigkeiten führt, macht unfrei. Diese Bindungen sind in unserem Leben weit verbreitet, sie sind zu Selbstverständlichkeiten geworden. Wir sind gebunden an die Menschen, an die Objekte und vor allem an die Gewohnheiten und Überzeugungen, die unser tägliches Leben bestimmen. Selbst die Liebe, wie wir sie zumeist leben und praktizieren, führt zu Abhängigkeit, aus der später Verlustangst werden kann. So kann man sich durchaus fragen, ob das wirklich Liebe ist, was wir Liebe nennen. Solcherart Liebe macht unfrei und damit auch unglücklich.

Die Freiheit beginnt im Geiste, ein Gefängnisinsasse kann sich freier fühlen als jemand mit Reichtum und Verantwortung. Wir werden so erzogen, dass wir uns von Tag zu Tag mehr in Abhängigkeiten begeben, aus denen wir nie wieder wirklich rauskommen. Nur weil wir fei wählen dürfen, sind wir noch lange nicht frei. Vor allem aber macht uns unsere Blindheit und vorurteilsvolle Haltung gegenüber unserem Umfeld unfrei. Daraus resultiert Angst. Angst vor dem Nicht-mehr-da-Sein und Angst vor den Verlusten, Angst vor dem Unbekannten und so weiter ...

Wir sind frei geboren, um frei zu leben und zu wirken. Die größte Aufgabe unseres Lebens sollte sein, die anerzogenen falschen Priorisierungen zu erkennen und abzulegen.

Dann werden wir uns frei fühlen.

Das Energieprinzip

Unser persönliches Glück hängt davon ab, wie wir mit unserer Energie umgehen und wie wir sie einsetzen. Gemeint ist die Lebensenergie, die uns von Geburt an bis zu unserem Tod zur Verfügung steht. Auch sie ist keine Selbstverständlichkeit, auch sie ist ein Geschenk, das wir – ob wir es verdienen oder nicht – zu unserer Geburt bekommen. Die Energie ist immer da, aber nicht immer einsatzbereit. Es ist ganz einfach: Wenn die Energie da ist (also das Gefühl, Berge versetzen zu können, fliegen zu können, sich wie ein junger Gott zu fühlen), sind wir glücklich, wir sind im Fluss, alles geht uns leicht von der Hand, wir haben den Durchblick. Wir sehen und fühlen Dinge, die uns als Mensch weiterbringen, dadurch entwickeln wir uns, werden kreativ und genießen den Augenblick. Verlässt sie uns, sind wir todunglücklich und zu nichts mehr fähig. Depression und Lustlosigkeit sind die Folgen. Diese Energie ist es, die wir zu pflegen haben. Und wir sollten uns jeden Augenblick ihrer bewusst sein.

Es scheint so, dass ein glückliches und erfülltes Dasein von dieser Energie abhängt. Von wohldosierter Energie und nicht von Energie im Übermaß, denn was Letztere ausrichten kann, haben wir nur zu oft bei talentierten jungen Künstlern und Musikern gesehen, wenn deren Energie außer Kontrolle geriet und sie am Ende gänzlich von dieser Energie und dem Leben verlassen wurden.

Also mach das Beste aus deiner Energie, pflege sie wie ein Baby, sei dir ihrer bewusst, trage sie auf Händen.

Vergiss nicht: Unsere Energie ist immer da, bei uns, es geht nur darum, wie wir sie in uns beleben und für uns arbeiten lassen, statt sie gegen uns zu richten.

Die Gnade des Loslassen-Könnens

Wenn du dem morgigen Tag neu begegnen willst, musst du den gestrigen hinter dir lassen. Dabei war doch der gestrige Tag soo schön ... Woher weiß ich, dass der morgige genauso wird? Aus diesem Grund bewahre ich mir meine Erinnerung an gestern, denn so habe ich wenigstens die Sicherheit, etwas mir Bekanntes, selbst wenn es das Vergangene ist, in Form von Erinnerungen zu behalten und zu fühlen.

Erst wenn wir beginnen, in der Gegenwart zu leben, wird es nichts mehr geben, das wir aufgeben müssen. Das gilt auch für unser übermäßiges Ego, das sich überwiegend aus vergangenen Erfahrungen und falschen Überzeugungen nährt. Glück führt nicht über persönlichen Egoismus. Glück ist egofrei, es ist ein Zustand, in dem unsere kleinkarierten Egospielchen keinen Platz haben. Wirst du erst in diese Spielchen hineingesogen, findest du nur sehr schwer wieder raus. Und es ist dabei völlig egal, wie talentiert oder intellektuell du bist.

Je stärker dein Ego, desto schwächer das Glücksempfinden.

Dein Ego ernährt sich hauptsächlich von deiner Vergangenheit, an die du dich so klammerst, statt Neues in deinem Leben zuzulassen. Wenn du das

Kleben an deiner Vergangenheit und auch andere Prioritäten aufgibst, egal wie süßlich sie erscheinen mögen, wirst du doppelt so viele Chancen in deinem Leben bekommen.

Also, lass einfach los und sei bereit fürs Neue.

Steh zu deinen Visionen!

Zugegeben, Visionen zu haben, klingt manchmal irritierend. Visionen können mit Halluzinationen verwechselt werden oder dem naiven Drang, die Welt verändern zu wollen … Hier ist aber deine persönliche Vision gemeint, dein persönlicher Traum, egal wie verrückt er ist. Etwas, was übrigbleiben würde, wenn alles andere aus deinem Leben gestrichen werden könnte, etwas, was dich tagtäglich beschäftigt und dich geistig ernährt. Wir alle haben solche Visionen, manchmal sogar, ohne es zu wissen. Solche Visionen sind unsere treibende Kraft, unser Motor, vielleicht werden sie nie umgesetzt werden, aber es ist wichtig, sie trotzdem in uns zu tragen und sie zu pflegen. Egal, wie unbarmherzig die Umstände zu dir sind, wie das Leben verläuft, deine Visionen sind immer da und motivieren dich, erfüllen dich mit Freude. Visionen zeigen uns, was alles möglich wäre, wozu wir imstande wären, was für einen weiten Blick wir haben könnten … Visionen helfen uns, aus der Enge, in die wir uns manchmal manövrieren, rauszukommen. Oft sind sie sogar der Pfad zu unserem besseren ICH, einem Ich, das nicht fixiert ist auf Egospielchen, sondern auf das Wesentliche konzentriert. Visionen waren es, die die Menschheit so weit gebracht hat, wie sie aktuell ist, jeder großen Erfindung ging eine von vielen belächelte Vision voraus. Visionen können in Erfüllung gehen, allein dadurch, dass sie gedacht wurden, haben sie sich materialisiert. Doch auch wenn sie nie umgesetzt werden, bereichern sie unsere Existenz und machen uns zuweilen glücklich.

Das Leben als Spiel

Wie wäre es, wenn wir unser Leben als eine Art Spiel sehen würden?

Ist unser Leben nicht im Grunde genommen auch nur ein Spiel? Trotz der Tatsache, dass die Menschen in ihrem Leben und bei ihren Entscheidungen mit großem Ernst vorgehen, spielen und pokern sie. Wir tun es alle. Du, ich und alle anderen, im Grunde spielen wir alle ein großes Spiel miteinander. Auch wenn es dabei so aussieht, als würden die Spielzüge uns und unseren Mitspielern gelten, ist das große Spiel eigentlich nie persönlich gemeint Wie ein alter Mafioso charmant gesagt hätte – nimm's nicht persönlich, es ist nur das Geschäft.

Wir Menschen haben oft das Gefühl, unterschätzt, verkannt und übersehen zu werden. Das verletzt uns. Das passiert jedem von uns. Selbst die großen Genies der Menschheitsgeschichte wurden verkannt und in die Armut geschickt. All die Zurückweisungen in unserem Leben, all die Ablehnungen, Absagen, Erniedrigungen unserer Person... Doch es ist nur das Geschäft. Und jeder spielt darin sein eigenes Spiel. Das Leben spielt mit uns, mal sind wir oben, mal sind wir unten. Die Dinge geschehen, und das nicht immer zu unseren Gunsten.

Der Lauf der Dinge unterscheidet nicht zwischen den Personen, es läuft einfach, wie es laufen soll, ohne falsch und richtig. Mal zerstörerisch, mal aufbauend, niemals aber persönlich gemeint. Was für dich gewinnbringend wirkt, kann für den anderen Verlust bedeuten. Oder umgekehrt. So bleibt alles im Gleichgewicht. Wenn wir aus unserer rein egozentrischen Perspektive dieses Spiel betrachten, dann wirkt es meistens feindlich uns gegenüber, das ist aber reine und hausgemachte Illusion. Wenn wir diese Illusion jedoch als „Wahrheit" werten, und das tun wir meistens, dann verkümmern wir, werden rachsüchtig und schlussendlich unglücklich. Das Spiel besteht aus unzähligen unvorhersehbaren Zufällen, die wir aus Bequemlichkeit Schicksal nennen. Die Summe dieser Zufälle hat uns dahin gebracht, wo wir gerade sind.

Die gute Nachricht ist:

Du kannst dein „Schicksal" jederzeit ändern.

All diese Gefühle von Erniedrigung und Verkennung kannst du dir sparen, wenn du deinen ureigenen Platz im Leben findest, den Platz, der dir gebührt. Und du findest ihn, wenn du dich auf den Weg der Selbstfindung begibst. Dann regelt sich alles.

Das Universum in dir

Unser Gehirn ist ein Miniuniversum. Allein die Tatsache, dass es dank unserer Vorstellungskraft möglich ist, uns in Gedanken auf einem anderen Planeten spazieren gehen zu sehen, zeigt uns, dass wir im ganzen Universum zu Hause sind. Wer hat diese Vorstellungskraft außer uns Menschen? Tiere? Oder Bäume oder gar Autos? Nein, mit Sicherheit nur wir Menschen.

Was sagt uns das?

Dass vielleicht jeder Mensch ein Miniuniversum ist? Dass der Mensch an sich das ganze Universum verkörpert? Der Mensch als Universum, als Experiment? Vielleicht sind wir tatsächlich allein im ganzen Kosmos und haben die Aufgabe, nach und nach das gesamte Universum zu bevölkern? Natürlich auf Millionen Jahre hin gedacht ...

Wäre das nicht eine reizvolle Aufgabe für uns Menschen?

Durch uns hat sich das seelenlose Universum manifestiert und so tragen wir alle Vorzüge des Alls in uns. Wir erschaffen und wir zerstören, wir werden geboren und wir sterben. Auch unser Universum wird irgendwann vergehen. Wir tragen die DNA des Universums in uns, es ist unsere Heimat. Es hat uns ein Leben geschenkt und durch uns schaut es sich selbst zu. Durch uns erfährt es, wie es ist, jemanden zu lieben oder zu verlieren, sich zu freuen oder traurig zu sein, das Licht der Welt zu erblicken und es enden zu sehen.

Wir ermöglichen dem Universum, einfach zu fühlen, wie es ist, zu sein.

Jeden Tag einen neuen Kontinent entdecken

Wenn du das Gefühl hast, nichts Neues mehr in deinem Leben entdecken zu können, dann bist du schon gestorben! Es geht darum, dass du die Dinge im Leben selbst (neu) entdeckst und sie nicht auf einem goldenen Tablett aus zweiter Hand serviert bekommst. Es geht um Erfahrungen, die du persönlich machst.

Schau dich um:

Wo befindest du dich gerade und was siehst du?

Ist das alles wirklich so selbstverständlich, wie es auf den ersten Blick aussieht? Alles, was du um dich herum siehst und zu kennen glaubst, ist nur das Ergebnis deiner Speicherung. Du glaubst bereits alles zu kennen, was du siehst. Du hast all diese Dinge irgendwann einmal zum ersten Mal gesehen und seitdem aufgehört, sie zu erforschen. Jetzt siehst du tagtäglich auf eine vor langer Zeit gespeicherte Version der Wirklichkeit. Du siehst alles um dich herum so, wie es vor langer Zeit aussah.

Du siehst nicht einmal das Ding selbst, sondern die Vorstellung dessen, was in deinem Kopf seit langer, langer Zeit als lebloses Ding existiert. Und das gilt fast für alles, was du siehst, selbst die Men-

71

schen, die du einmal kennengelernt hast. Das gilt aber auch für dich, auch du bist ein Mix aus vergangenen Feststellungen, Überlegungen und Erfahrungen. Auch du kannst dich selbst neu entdecken, du brauchst nur die Schätze freizulegen, die in dir schlummern.

Du wirst überrascht sein.

Höre nie auf zu entdecken!

Je nach deiner Prägung und Lebenseinstellung wirst du überall kleine und große Dinge entdecken, in denen stets etwas Neues zu finden ist. Und das sind Momente in unserem komplexen Leben, die uns inspirieren, motivieren und die ein wunderschönes Lächeln auf unser Gesicht zaubern ...

Und das ist der direkte Weg zum Glück.

Das innere verrückte Kind

Wir werden erwachsen und glauben, dass dieses kleine, niedliche Kind, das wir einmal waren, uns bis in alle Ewigkeit verlassen hat. Das Kind, das so umsorgt war, von allen geliebt und behütet, frei und ungezwungen, ehrlich und genießerisch und ohne Wenn und Aber glücklich … Wo ist es nur hin, dieses Kind, das wir mal waren? Ist es wirklich vollständig verschwunden oder ist noch etwas von diesem Kind in uns übrig geblieben?

Das Kind, das nachts Sterne beobachtete und ab und zu den Eltern „komische" und naive Fragen stellte, das mit den Tieren sprach und im Bett von Märchenwelten träumte. Das Kind, das es nicht nötig hatte, irgendetwas in ihm zu unterdrücken, sei es lautes Lachen und noch lauteres Weinen. Es konnte sogar staunen, wenn es etwas Aufregendes sah, seine Augen wurden groß und größer. Es reagierte im Gegensatz zu vielen Erwachsenen und wusste instinktiv, dass jede Handlung eine Resonanz braucht.

Ja, dieses Kind soll zurückgeholt werden. Denn:

Es ist nie wirklich weg gewesen. Es hat im Stillen beobachtet, wie seine „erwachsene" Version alles im Leben verkompliziert und verklärt hat, und es hat nie wirklich verstanden, was aus ihm geworden ist.

Reiche ihm die Hand und hol es zurück in dein Leben, du brauchst es jetzt mehr denn je … Das Kind in dir hat den Schlüssel zum glücklichen und erfüllten Leben, und nicht nur das. Es wird dir Wege und Möglichkeiten zeigen, wie du aus dem Unglücklichsein rauskommst.

Gib ihm eine Chance, es wartet auf dich.

Lebensquelle Inspiration

Inspiration ist nicht nur für Künstler wichtig. Inspiration brauchen wir alle, alle, die ihr Leben LEBEN nennen. Aber was ist Inspiration wirklich, wo kommt sie her und warum kommt sie dann, wenn wir sie am wenigsten erwarten? Zum Beispiel auf dem Klo oder im Fahrstuhl? Es handelt sich um einen sehr komplexen Vorgang, die Inspiration kommt durch neue Umstände, neue Menschen, durch Unbekanntes. Das, was man bereits zu 100% kennt, kann keine Inspiration bieten. Wenn du aber nur glaubst, dass du etwas kennst, wenn du also beginnst, das Bekannte neu zu erforschen und auf andere Weise kennenzulernen versuchst, dann wirst du auf wunderbare Weise inspiriert, die Muse wird dich küssen. Das ist ein Vorgang, der dich zum Künstler macht. So werden wir alle zum Künstler, ohne die Kunst im engen Sinne zu zelebrieren.

Es ist oft das Leben selbst, das uns inspiriert. Wir öffnen uns dem Leben und sehen die Fülle der Schöpfung und werden dann selbst zum Schöpfer. Das Sein ist voller Schöpfung, nichts steht still, jede Sekunde geschieht etwas, was uns bei aufmerksamer Beobachtung zu wunderbaren Entdeckungen animiert und inspiriert. Ein schöpferischer Mensch ist ein glücklicher Mensch, er ist befreit von der

Enge der Zeit. Er lebt im Prozess der Kreativität im Hier und Jetzt, dabei erschafft er Dinge, die ihn überdauern werden. Und damit ist er der Ewigkeit nah.

Also lass dich vom Leben inspirieren.

Von Menschen, von der Natur, von Tieren und von Insekten. Lass dich von der Stille inspirieren, indem du meditierst und deinen Verstand ruhen lässt.

Der leuchtende Stein

Es gibt in unserem Leben Ereignisse, Zwischenfälle, Erinnerungen, aus denen etwas Heiliges in uns erwächst, es wächst und gedeiht, jahrelang, und irgendwann wird es zu einer unausgesprochenen und namenlosen Angelegenheit, die wir stets mit und in uns tragen und an die wir mindestens einmal am Tag denken.

Manchmal ist es auch ein Hilferuf. Auf jeden Fall lässt uns der Gedanke an dieses Heilige zu einem besseren Menschen werden, der Gedanke daran reinigt uns und gibt uns eine abstrakte Hoffnung für die Zukunft. Vielleicht leuchtet es uns ein Leben lang den Weg und trägt uns durch schwere Zeiten.

Ich nenne es den leuchtenden Stein.

Immer, wenn es schwer wird und das Leben den Sinn zu verlieren scheint, stelle ich mir diesen leuchtenden Stein vor und durch ihn werden mir all die Schätze bewusst, die ich in mir trage. Mir wird auch bewusst, wie reich ich bin. Reich an Erfahrungen und Energie, die ich in mir trage.
Wenn der Stein auch in deinem Leben leuchtet, dann nimm ihn mit beiden Händen und pflege ihn jeden Tag. Lass ihn nie in deinem Leben Schmutz

ansetzen und dunkler werden. Werde dir immer bewusster, wofür dieses Leuchten in deinem Leben steht.

Das Leuchten des Steins ist dein Gott …

Der Stein leuchtet in dir und zeigt dir stets den richtigen Weg.

Du brauchst nur an ihn zu denken und er ist sofort da.

Er war, ist und wird immer in dir sein.

Deine Heimat

Heimat hat viele Gesichter, mal nostalgisch mal rein praktisch. Wir haben eine Heimat, die uns an unsere Geburt oder an unsere Kindheit erinnert, in erwachsenen Zeiten wird unser Zuhause unsere neue Heimat. Doch für einen tiefgründigen und spirituell Suchenden kann es nur eine einzige und verlässliche Heimat geben – unser Bewusstsein, das gleichzeitig auch die Heimat aller anderen Menschen ist. Sie verbindet uns und macht uns bewusst, dass wir alle eines Ursprungs sind. Diese Heimat ist in uns, sie hat keine Grenzen und somit gehört sie allen. Es ist wie Balsam für unsere Seele, wenn man diese Vorstellung verinnerlicht und sie über alle anderen stellt. Nur leider haben wir von dieser ursprünglichen Heimat vielleicht nur 5% kennengelernt und die restlichen 95% warten auf die Entdeckung. Gehe auf die Reise und entdecke sie in dir. Nenne es einfach die Reise durch die innere Heimat.

Das Bewusstsein zu nutzen heißt nichts anderes als sich selbst zu erkennen. Das wahre Selbst und nicht die Idee davon, also was man gerne hätte oder was die anderen von dir gerne sehen würden. Es heißt einfach zurückkehren, ankommen, nach

Hause kommen, dorthin, wo es dich echt und unverfälscht gibt und nicht verfälscht und verloren.

In deinem Bewusstsein kannst du zu überall zu Hause sein, überall, wohin deine Gedanken und dein Gefühl dich auch verschlagen. Dein Bewusstsein ist die Verbindung zu alldem, was lebt und wirkt, nicht nur zu Menschen. Da findest du alles, was du für dein Glück brauchst, alle Antworten, die du im Außen gesucht und nicht gefunden hast.

Deine Heimat wartet auf dich.

Das Glückszimmer

Du weißt es!

Du weißt es ganz genau, dass das Glück in dir lebt. Es wurde uns mit dem Leben zusammen geschenkt. Es ist einfach da.

Nur weil du es nicht genügend pflegst, hast du den Eindruck, dass es kommt und geht, wie es will. Dass es dich nie nach etwas fragt, dich für lange Zeit einfach verlässt und dann irgendwann völlig unangemeldet zurückkommt. Na ja, denkst du, wenigstens besucht es mich, selbst wenn es nur einige Minuten bleibt. Aber ehe du dich versiehst, ist es schon wieder fort.

„Hey, bleib doch noch ein bisschen bei mir … bitte!"

Möchtest du ihm zurufen, aber das kommt dir dann doch albern vor und du schweigst lieber, erträgst ihn, mal mit und mal ohne Fassung, diesen Zustand ohne Glück. Und so geht es endlos weiter, ein Leben in ständiger Erwartung – dass dich das Glück demnächst vielleicht wieder einmal besucht.

Dabei ist es nie wirklich weg, das Glück. Es zieht sich nur in ein unsichtbares Zimmer irgendwo in dir zurück, und du merkst es nicht einmal. Der Zugang scheint verschüttet. Doch die Tür des Zimmers ist immer offen. Dem Glück würde es gefallen, wenn du es auch mal besuchst.

Wenn du das noch nie getan hast, tu es jetzt! Spring über deinen Schatten und gehe zu ihm, werde dir bewusst, dass es in dir lebt, akzeptiere dies einfach, und du wirst es nie bereuen.

Dann begegnest du ihm vielleicht von nun an jeden Tag.

Dem Leben vertrauen

Stets wollen wir unser Leben, unsere Beziehungen, selbst unsere Träume unter Kontrolle haben und ärgern uns jedes Mal, wenn unsere Kontrollpläne hin und wieder eine Lücke haben und es nicht immer nach unserem Plan läuft. Wir stopfen die Lücke zu und dann können wir fürs Erste wieder ruhig schlafen. Doch am nächsten Tag gibt es wieder eine Lücke, diesmal aber woanders. Ein Brief von der Bank, ein böser Anruf von der Partnerin oder Ärger bei der Arbeit. Was auch immer, jeden Tag aufs Neue ein Leck in unserem Boot. Es leckt ständig irgendwo und dagegen hilft auch keine Versicherung, die kostet nur unnötig Geld.

Mal ehrlich, gibt es in unserem Leben jemals einen Zustand, in dem alles geregelt ist und bleibt? Einen Zustand, in dem kein Leck mehr droht? Alles konserviert und unveränderbar? Ja, es gibt diesen Zustand. Er heißt Tod. Dann steht für uns alles still und wir können beruhigt sein. Aber noch leben wir …

Trotz unseres von den Medien vereinnahmten Alltags sollten wir keinen Augenblick vergessen, dass um uns herum die spirituellen Gesetze herrschen und nicht die weltlichen Gesetze mit ihren Paragraphen und Regelungen. Um ein Leben als

Gemeinschaftswesen leben zu können, befolgen wir diese von Menschen gemachten Gesetze. Aber es gibt auch Gesetze anderer Art, es sind die in der Natur geltenden universellen Gesetze, die unsere Befindlichkeiten bestimmen, und jeder von uns wäre gut beraten, diese Gesetze zu achten und zu befolgen.

Einfach dem Leben vertrauen.

Den Ereignissen nicht zuvorkommen und nicht zerstören, was ohne unser Zutun zu uns gekommen ist und kommen wird. Das Leben selbst regelt für uns eine ganze Menge, wenn wir uns einmischen, verschlimmbessern wir es nur.

Dankbarkeit üben

Die erste große Dankbarkeit sollte dieser Chance gelten, die uns allen gegeben worden ist – der Chance, das große Mysterium namens LEBEN kennenzulernen und es letztendlich auch zu leben. Wir sollten das immer vor Augen haben, immer in unserem Bewusstsein tragen – danke!

Danke für dieses wunderbare Geschenk. Wir leben.

Weil Menschen unbedingt einen Adressaten brauchen, haben sie die übernatürlichen Wesen erfunden, denen sie den Namen Götter gaben. Irgendjemand muss das alles ja gemanagt haben, es kann doch nicht alles von alleine entstanden sein, und das mit solcher Präzision und in solchem gigantischen Ausmaß. In unserer Vorstellung muss es ein Wesen geben, das uns von oben beobachtet und wenn nötig die Strafzettel für uns schreibt …

Und wenn wir doch der Ansicht sind, dass es einen Schöpfer in Person gar nicht gibt, wem sollen wir dann unsere Dankbarkeit zollen? Ohne jeglichen Adressaten? Oder unsere Gebete? Unsere Klagen? Wer ist derjenige, der über uns steht und zuhört?

Du bist derjenige, der dein Gegenüber ist!

Nicht weil du so toll oder weise bist, sondern weil du all das, was du bei einem übernatürlichen Schöpfer suchst, bereits in dir hast. Alles geschieht in dir, so hast du auch das Universum in dir, du bist derjenige, der über das Gewissen und das Karma entscheidet, du bist mit unglaublicher Macht ausgestattet.

Werde dir dessen bewusst und sei dafür dankbar.

Eigene Schätze kennenlernen

Du trägst so verdammt viele Schätze in dir.

So viele, dass du schon den Überblick verloren hast. Sie sind tief vergraben in dir, manchmal auch kurz vor dem Auftauchen, im Idealfall stehen sie dir direkt vor Augen. Diese Schätze lassen uns Menschen unglaubliche Entdeckungen machen, sie lassen uns durch dick und dünn gehen. Früher hatte man eine andere Formulierung dafür, man sprach von dem Göttlichen in den Menschen ...

Haben uns diese Schätze verlassen?

Möglicherweise hast du sie nicht genug gepflegt, dich nicht um sie gekümmert und nun haben sie sich von dir abgewendet und sich versteckt.

Hol sie zurück zu dir.

Was hältst du von einer Party?

Du lädst sie alle einzeln ein und redest mit ihnen in einer entspannten Atmosphäre ...

Doch zunächst einmal gib diesen Schätzen eine Gestalt, damit sie überhaupt zu dir kommen können. Gehe in dich und zähle sie auf, alles, was du kannst und tun möchtest. Sie warten nur darauf, von dir wahrgenommen zu werden. So wie sich jeder Mensch nach Anerkennung und Bestätigung im Leben sehnt, wollen deine Schätze auch, dass du sie siehst und ihr Vorhandensein erkennst.

Also, wann fängst du damit an?
Am besten gleich heute.

Jeder von uns sollte sich zur Lebensaufgabe machen, seine Schätze freizulegen, Schicht für Schicht. Und wenn du unbedingt einen Lebenssinn brauchst, dann ist das ein sehr lohnender ...

Vom Wissen und Nichtwissen

Tief in dir hast du jede Antwort, die du fürs Leben brauchst. Die Antworten auf alle Fragen im Leben sind uns bereits bei unserem persönlichen Urknall mitgegeben worden, für jede Situation, aber im Laufe des Lebens wurde es uns nach und nach anerzogen, uns an von außen gesetzten Regeln und Normen zu orientieren. Deswegen sollte es in deinem Leben in erster Linie darum gehen, dich in deiner ursprünglichen Verfasstheit wiederzuentdecken und dich nicht damit zufriedenzugeben, was die anderen aus dir gemacht haben. Es gibt nämlich kein geheimes Wissen, geheim scheint dieses Wissen nur zu sein, weil es nicht auf der Oberfläche schwimmt, sondern tief in uns verankert ist, aber jedem von uns ist es zugänglich. Doch nur dann, wenn der Wille da ist, es zu entdecken. Wenn du offen genug dafür bist und Hand in Hand mit dem Leben gehst, mit ihm bist und nicht gegen es. Dann ist kein Lehrer mehr notwendig und keine Lehre, für einen wachen Menschen ist beides überflüssig. Es geht um die Harmonie zwischen dem angeborenen, geschenkten Wissen und dem später im Laufe des Lebens erworbenen Wissen, ausbalanciert durch die Beobachtungen eines geschärften Verstandes. Die gesunde Kombination aus geschenktem und erworbenem Wissen bietet uns jede Antwort auf jede Frage im Leben.

Wo versteckt sich das Glück?

Kann man das Glück fassen? Kann man es sehen, riechen, es in die Hand nehmen, schmecken, umarmen und wenn nötig in ein Zimmer einsperren, damit es uns nie mehr verlässt?

Die Antwort lautet NEIN!

Glück ist nichts, was sich in der Welt ereignet. Also gibt es an sich das Glück gar nicht.

Glück ist die reine Interpretation des Verstandes. Gäbe es keine Menschen auf unserer Welt, dann gäbe es auch kein Glück.

Ein Eremit in der Wüste, der völlig ausgehungert und ausgemergelt sein Glück oder seine Erleuchtung feiert und vor Freude tanzt, kann für jemand anderen, der sich am gleichen Ort verirrt hat und vor Durst und Hunger fast vergeht, der reinste Horroranblick sein. Also kommt es auf die Perspektive an.

Wenn es keine Instanz gibt, die über wahr und unwahr urteilt, verliert die Suche nach Wahrheit den Sinn. Und wenn jemand versucht, über Wahrheit zu urteilen, dann ist diese keine Wahrheit mehr. Vielleicht ist das so ähnlich mit dem Glück.

Also ist das Glück eine Erfindung des Geistes, es ist eine Einstellung, eine Sicht auf die Dinge, auf das Leben.

Entdecke dein Leben neu, dieses Leben ist das Einzige, was dir wirklich gehört, alles andere ist Illusion.

Stell dir vor, was passiert, wenn du dich selbst entdeckst und dort findest, wo die Götter dich erwarten, um dir Inspirationen zu schicken, die sich niemals mehr erschöpfen.

Reiche den Musen die Hand und dann wirst du tagtäglich von ihnen geküsst. Ziehe diese Küsse niemals in Zweifel und genieße sie, kooperiere und du wirst sehen:

Jeder Augenblick deines Lebens wird zur Ewigkeit.

Das Glück der Suchenden

Die Suche selbst, als Prozess, beschert dir viele Glücksmomente, wenn du aufmerksam schaust und lauschst. Am Ende wirst du immer belohnt, egal welche Erfahrungen du machst. Es ist, als würdest du in eine magische Welt eintreten, mit stets neuen Entdeckungen und Überraschungen. Es geht dabei nicht um eine krankhafte Suche, sondern um die geistige Bereitschaft, die Dinge neu zu sehen und sie zu erforschen. Dafür musst du nicht in den Himalaya oder in die Wüste gehen, es genügt, wenn du in deiner Umgebung beginnst. Wir Menschen sind bereits von unserer Geburt an gesegnet, wie sonst hätten die Menschen all die Wunder in der Musik, in der Kunst oder in der Wissenschaft erschaffen können? Ein Mensch wie Leonardo da Vinci ist kein Einzelfall, es gibt viele, sehr viele, die im Stillen leben und wirken und ein glückliches, erfülltes, gesegnetes Leben führen ... Wir haben alle unsere Talente, und wenn wir uns nah sind, dann finden wir Dinge in uns, die wir nie für möglich gehalten hätten. Das gilt es zu verinnerlichen, also uns dessen bewusst zu werden, und das wird uns unzählige Wege und Möglichkeiten eröffnen.

Deine Energiequelle

Wenn es eng wird in deinem Leben, ganz, ganz eng, wenn die Sorgen dich auffressen, seien sie finanzieller oder zwischenmenschlicher Art oder einfach altersbedingt … Wenn nichts mehr einen Sinn ergibt und dich nichts mehr zu erfreuen vermag …

Dann sammle alle deine Kraft und verlasse dein Zuhause, geh einfach raus in die frische Luft, in die Natur, in die Stille und beginne die Sterne zu beobachten. Wenn das gerade nicht geht, dann reicht ein Balkon oder einfach ein Blick aus dem Fenster. Das gigantische Ausmaß des Himmels wird dir die Relativität, ja Bedeutungslosigkeit deiner so genannten Probleme deutlich machen und du wirst anfangen zu lachen, über dich selbst lachen, über deine Probleme, die im Grunde gar keine sind, möglicherweise wirst du dir sogar blöd vorkommen… dich fragen, warum du dich den destruktiven Gedanken zum Fraß vorgeworfen hast…

Ja, warum nur?

Dann machst du dir bewusst, dass du auch ein Teil dieses gigantischen Universums bist, das möglicherweise keinen Anfang und kein Ende hat. Wo alles Energie ist. Energie in ständiger Bewegung. Kosmische, göttliche oder was auch immer für eine

Energie. Eine unvorstellbar gigantische und kreative Energie.

Und diese Energie ist auch in dir, du bist ein unzertrennlicher Teil davon.

Atme sie ein, werde dir ihrer bewusst, aktiviere sie, arbeite mit ihr und nicht gegen sie. Lass sie geschehen, werde eins mit ihr und all den anderen Bausteinen, aus denen das Leben besteht. Sie sind nichts Fremdes, sie sind WIR, aus diesen Bausteinen bestehen wir.

Wenn du dir das wirklich bewusst machst, dann wirst du dich fühlen, als würdest du an der großen Energiequelle sitzen, und irgendwann wirst du auch feststellen, dass du selbst diese Energiequelle bist. Dir steht frei, zu tun, was du für wichtig hältst, es ist auch deine Energie, mit der wir Wunder erschaffen können.

Durchbreche dein altes Denken

Oft in unserem Leben verflüchtigen sich neu gewonnene Erkenntnisse sehr schnell wieder und wir stehen aufs Neue vor unseren Problemen. Auch wenn behauptet wird, dass einmal Erkanntes nicht mehr verloren gehen kann. Doch leider ja, es kann verloren gehen, wenn wir es nicht tagtäglich pflegen.

Wie soll das bloß gehen?

Sobald wir neue Erkenntnisse gewonnen haben, stellen sich uns bald wieder neue, alte Gedanken in den Weg und lassen uns an unserem neuen Lebensstil zweifeln. Unser uns allzu bekanntes EGO lässt nie locker, weil es immer im Vordergrund stehen möchte, mit seinen immer wieder neu erfundenen Problemen und Zweifeln. Es erzeugt immer neue Methoden, wie wir an uns zweifeln können, diese Kreativität muss man ihm lassen.

Gedanken, Zweifel, Widerstand – was auch immer, wenn du merkst, Denkinhalte tun dir nicht gut, dass lass sie einfach vorbeiziehen. Gedanken kommen und dürfen wieder gehen. Wir sollten unseren Beurteilungs-Filter auf eine Weise stärken, dass er schon ohne jegliche Anstrengung filtern kann, was wir brauchen und was nicht.

Was auch immer passiert, niemals vergessen:

Du bist ein Teil der großen Energie, die immer fließt.

Du hast es endlich verstanden und die Enge deiner Gedanken durchbrochen.

Werde dir dessen bewusst, jede Sekunde deines Lebens.

Voraussetzungen für ein erfülltes Leben

- Das Gefühl, gebraucht zu werden
- Die Fähigkeit, das Hier und Jetzt zu würdigen und zu genießen
- Neugierig rund um die Uhr zu sein
- Das Gefühl, mit sich selbst im Reinen zu sein
- Die Großherzigkeit, Erfolg auch mal anderen zu gönnen
- Die Fähigkeit, in hundertmal gesehenen Dingen trotzdem etwas Neues zu entdecken
- Dem Kind in dir Ausdrucksmöglichkeiten zu geben (es soll raus und tun, was es will)
- Urteilsfrei leben
- Die Fähigkeit, das ganze Leben kreativ zu verbringen
- Die Vergangenheit ruhen zu lassen
- Die Entschlossenheit, Menschen, die in deinen Gedanken Unbehagen stiften, aus deinem Leben zu entfernen. Cut!!!
- Dankbarkeit üben und zeigen
- Ein Spieler sein. Das Leben belohnt die Spielenden.
Denn:
Das Ganze ist nur ein Spiel mit einem offenen Ausgang.
Alles ist Improvisation.

Ein (Glücks-)Gebet

Ich bin ein Glückspilz.

Egal, was und wie etwas mit mir geschieht, es ist immer eine Erfahrung, die mich bereichert und weiterbringt.

Ich lass es geschehen, damit ich wachsen kann. Damit ich selbst erfahre und nicht von anderen erzählt bekomme, wie es ist, in Freude zu leben, durch Leid zu gehen und trotzdem bei sich zu bleiben.

Ich habe alles, was ich brauche, ich bin gesegnet.

Mir ist nichts fremd, was uns Menschen ausmacht. Ich bin nur für mich verantwortlich und ich stehe zu allem, was ich tue und was ich denke.

Ich verurteile niemanden, nur weil er so ist wie er ist. Es sind alles Erfahrungen, die uns ausmachen, jeder Mensch, der anders aussieht und denkt als ich, ist eine Bereicherung für unseren Planeten. Und trotzdem bleiben wir miteinander verbunden, weil wir alle gleichen Ursprungs sind. Wir sind eine große Familie.

Ich blicke sorglos in die Zukunft, weil ich von der Energie erfasst bin, die immer wirkt. Von unserer aller Energie.

So lange ich sie in mir trage, fühle ich mich geschützt, umsorgt und geliebt.

Sie führt mich zum Glück.

Glücksrezepte

Dein Tag des Monats

Mach einen Tag im Monat zu deinem Tag.

Er gehört niemandem außer dir. Mach, je nach Möglichkeiten, was du schon immer machen wolltest. Denn es ist dein Tag. Du bist an diesem Tag der King! Keine Zugeständnisse, keine Kompromisse, keine Pflichten. Mach dir jede Minute bewusst, dass der Tag nur für dich da ist, das Universum gehorcht dir und du gehörst ihm. Schalte jede Ablenkung ab, wie Telefon und Internet, kein Fernsehen und keine Nachrichten. Nur du und die Welt in dir. Lausche dieser Welt und lausche damit dir selbst. Verinnerliche dabei die Einzigartigkeit der Lage – du bist. Du lebst. Du bist der Zeuge des Lebens und noch besser – du bist mittendrin und du kannst viel mehr als du denkst.

Es könnte ein wunderbarer Tag werden.

Inspirierende Menschen entdecken

Umgib dich mit Menschen, die dich inspirieren. Unser Geist spürt sofort, mit wem wir es zu tun haben. Meide die Vampire, die nur darauf aus sind, uns Energien abzusaugen. Manche Menschen tun uns besser, als wir denken. Selbst ein kurzes Lächeln eines Menschen kann Wunder bewirken, oder eine andere mimische Aufmunterung oder eine kleine Geste. Auch von Menschen, die wir überhaupt nicht kennen.

Manchmal begegnet uns ein Wort oder gar eine Berührung …

Und dann öffnet sich das Fenster, eine neue Welt tut sich auf. Die war zwar immer schon in dir, aber erst in diesem Moment fühlst du sie wirklich.

Inspirierende Menschen tauchen in unserem Leben immer wieder auf, sie unterstützen unsere Vorhaben, begleiten uns in guten wie in schlechten Zeiten. Sie müssen nicht unbedingt unsere Freunde sein, tatsächlich sind es manchmal nur flüchtige Begegnungen, die unser Leben zum Positiven verändern können.

Halte einfach die Augen offen, diese Menschen sind ein Segen für uns und für die Welt.

Glücksorte suchen und finden

Es gibt in der Tat Orte, die uns heilen können, energetisierende Orte, auch Kraftorte genannt. Es liegt an jedem selbst, sie zu finden. Finde solche Orte und suche sie so oft wie nur möglich auf. Früher waren es Kirchen, sie wurden immer an Orten erbaut, wo eine besondere Atmosphäre herrschte. Es gab Leute, die ein Gespür dafür hatten. Und dieses Gespür haben wir alle in uns. Aktiviere es und finde damit die Orte, die dir guttun und dich glücklich machen, ohne zu untersuchen, warum das so ist. Einen solchen Ort findest du, indem du für dich feststellst, dass du dich an einem Ort besonders wohlfühlst, wo du Kraft tanken kannst und wo du immer wieder neue Ideen bekommst. Es müssen nicht immer mystische, besondere Orte sein, eine lange Busfahrt in einem leeren Bus an einem verregneten Sonntag kann's auch bringen. Orte in der Natur, verlassene, menschenleere Orte und ... und ... und ...

Tage des Lachens

Veranstalte ab und zu Tage des Lachens, lache von morgens bis abends, alleine oder mit jemand anderem. Feiere richtige Lachorgien. Am besten wäre, auch fremde Menschen damit anzustecken. Lass sie doch denken, du wärest bescheuert ... Stecke all deine Mitmenschen mit deinem Lachen an und lache, bis der Arzt kommt. Es gibt so vieles in unserem Leben, was man nur lachend ertragen kann. Lachen tut uns gut und macht uns glücklich. Wir sollten feste Tage haben, wo wir dem Wahnsinn, den die Menschen um uns herum Tag für Tag veranstalten, mit herzhaftem Lachen begegnen. Dadurch verschwindet der unsägliche Ernst in unserem Leben, der wie eine schwere Last auf uns liegt. Löse ihn einfach im Lachen auf.

Tage des Vergessens

Manchmal tut Vergessen verdammt gut. Unsere Vergangenheit bleibt uns zumeist dramatisiert und übertrieben in Erinnerung, und diese Erinnerung macht uns häufig melancholisch und traurig. Wie wäre es, wenn wir das, was uns widerfahren ist, an einigen Tagen einfach vergessen und den Gedanken daran keine Beachtung schenken? Sobald sie an die Tür klopfen, beachten wir sie nicht und lassen sie einfach vorbeiziehen. Stattdessen befassen wir uns mit dem, was gerade um uns herum passiert.

Traurige, melancholische Erinnerungen sind Killer für unsere Stimmung und Energie, sie machen uns überflüssigerweise traurig und deprimieren uns. Wir sollten vermeiden, dass Erinnerungen Wurzeln in uns schlagen und ihnen stattdessen einfach keine Macht geben. Es hilft, wenn wir diszipliniert vorgehen und für ein bewusstes Gegensteuern feste Tage einrichten.

Ein Königreich für ein Ziel

Wenn ein Leben in Gegenwartbezogenheit nicht dauerhaft klappt, und meistens klappt es leider nicht, dann sind Ziele umso wichtiger. Ziele als Visionen. Sie sollten wir aufschreiben und oft überlegen, wie wir sie umsetzen könnten. Ein solches Vorgehen ähnelt dem Träumen, es erheitert unser Gemüt. Außerdem manifestieren sich Ziele, wenn man sie aufschreibt und sich laut vorliest. Schreib deine Ziele also auf und lies sie laut, ohne sie zu zensieren und einzuschränken

Selbst wenn es ein Ziel ist, das zu erreichen völlig unrealistisch ist. Begegne ihm ohne Zensur und ohne Einschränkung. Ziele ermöglichen uns, über uns hinauszugehen, helfen uns zu sehen, was wir noch in uns haben, was noch alles möglich wäre. Und das tut uns allen verdammt gut.

Kampf den negativen Gedanken

Sie werden hin und wieder uns heimsuchen, das können wir nicht verhindern, aber sie dürfen sich in uns nicht festsetzen, das heißt – einem negativen Gedanken, der plötzlich da ist, sollten wir keine weiteren negativen Gedanken folgen lassen. Das passiert allerdings leider oft, auch ohne dass wir es merken. Wir lassen zu, dass sich die ganze Negativität in uns auftürmt, bis kein Entkommen mehr möglich ist. Die negativen Gedanken sind die Quelle allen Übels, sie trüben unsere Sicht auf die Welt und behindern die Glücksgefühle, die in uns aufsteigen wollen. Stoppe also die negativen Gedanken schon bei ihrer Entstehung und gib ihnen keine Chance.

Denn du bist das, was du denkst.

Befreie dich von unerledigten Dingen

Mache kurzen Prozess und erledige sie. Ob das ungeöffnete Briefe sind, die unaufgeräumte Wohnung, der versprochene Anruf, die Steuererklärung… was auch immer. Unerledigte Dinge schwirren uns im Hinterkopf herum und rauben uns die Energie. Und wenn du sie erledigt hast, fühlst du dich wie neugeboren und frei. Es sind Angst und Widerwille, die uns daran hindern, uns der anstehenden Dinge anzunehmen. Nicht nur, dass sie uns keine Ruhe lassen (selbst wenn wir sie erfolgreich verdrängen), durch Untätigkeit verschlimmern wir sogar die Lage. Unerledigtes ist immer da und grinst uns böse aus allen Ecken und Winkeln an. Habe Mut, lade die Dinge ein, löse die Spannung, die von ihnen ausgeht, auf, indem du dich mit ihnen beschäftigst und dich ihrer einfach annimmst. Das reicht ja meistens schon.

Übe dich in Positivität

Unsere Gedanken formen unseren Alltag. Wie es so schön heißt – du bist die Summe deiner Gedanken. Was du denkst, das siehst du auch. Also hast du die Wahl, wie du deine Welt mithilfe deiner Gedanken gestaltest und formst. Gestalte sie positiv und liebevoll. Sieh das Positive in den Erfahrungen, die uns aufsuchen, auch wenn sie sich nicht immer positiv anfühlen. Es sind Erfahrungen, durch die wir wachsen. Sie helfen uns weiterzukommen, im Leben und im Umgang mit den Menschen. Die positiven Gedanken formen unser Leben, sie haben Einfluss auf unsere Gesundheit, auf unsere Zukunft und auf unsere Pläne, Ziele, Visionen ... Sei aufmerksam bei deinen Gedanken und leite sie zu deinem Nutzen, indem du aus ihnen positive Kraft ableitest.

Übe Toleranz

Du bist nicht der Mittelpunkt des Universums und hast nicht die Weisheit mit Löffeln gefressen. Selbst diejenigen, die es getan haben, haben sich oft genug geirrt und waren niemals unfehlbar. Das heißt – wir haben nur unsere Egosicht auf alles, was um uns herum geschieht. Jeder glaubt recht zu haben. Was für dich heilig ist, kann für andere Gotteslästerung sein. Akzeptiere dies und toleriere andere Meinungen, Traditionen und alles, was dir nicht zusagt. All das hat ebenfalls Platz in unserer Welt. Toleranz tut unserer Seele gut, wenn du akzeptierst, dass deine „Wahrheit" nicht für alle gleichermaßen gilt, wirst du merken, dass du dich innerlich entspannst und dann fällt es dir noch leichter, auch andere „Wahrheiten" zu tolerieren.

Werde dir des Augenblicks bewusst

Einfach wach sein und jede Veränderung in und um dich herum wahrnehmen, ohne dass du sie bewertest und ohne dass die Gedanken erneut das Steuer übernehmen. Beobachte nur die Geschehnisse, lausche den Geräuschen, horche in dich selbst hinein und denke dabei, dass es stets jetzt ist, so wie gerade in diesem Moment, wo du diesen Text liest.

Die Fähigkeit und der Wille, jeden Augenblick bewusst zu erleben, ist Glück.

Singe ein Lied

Es gibt so viele Gute-Laune-Lieder.

Einfach eins davon aussuchen, eins, das dich an diesem Tag fröhlich stimmt, und es dann den ganzen Tag lang singen und summen. Laut oder leise oder in dich hinein. Am besten aber doch laut, egal ob die anderen dich hören. Singen und sich freuen… Mache es dir zur Gewohnheit, so oft wie nur möglich. Und lade auch die anderen dazu ein, mitzusingen. Nenne es Singmeditation. Wir erreichen dabei oft das, was auch bei der herkömmlichen Meditation passiert – der Verstand wird endlich still. Wie auch beim Erklimmen eines Bergs.

Tue nichts

Wenn wir nichts tun, dann haben wir meistens das Gefühl, dass wir etwas Wichtiges in unserem Leben verpassen. Wenn wir aber für uns wichtige Erkenntnis gewinnen wollen, ist das nur im Nichtstun möglich, wenn jede Aktivität stillsteht und der Verstand möglichst ruht.

Das will aber gelernt sein.

Also übe dich im Nichtstun und habe dabei kein schlechtes Gewissen.

Vielleicht verabredest du einfach ganz offiziell einen Termin mit dir selbst und tust dabei etwas sehr Wichtiges:

Nämlich NICHTS.

Gib der Wahrheit eine Chance

Laufe nicht weg vor ihr. Wahrheit ist nichts Abstraktes, sie ist nur der IST-Zustand. Also das, wie die Dinge gerade stehen, ohne deine und meine Bewertung und Beurteilung. Nimm die Wahrheit an, wie sie ist. Übe es, praktiziere es, schmecke es, wer weiß, wohin dich die Wahrheit führt. Auf jeden Fall wird sie dich von falschen und tückischen Illusionen befreien, und das ist doch schon die halbe Miete auf dem Weg zum Glücklichsein.

Sei dankbar für das, was in deinem Leben fehlt

Wir sollten nicht nur dankbar sein für das, was wir haben. Es gibt vieles, für das wir dankbar sein sollten, dass wir es nicht haben ... Du kannst all das aufzählen, was du von dir fernhalten möchtest, und dafür dankbar sein, dass es in deinem Leben nicht vorkommt. Von Krankheiten bis Hunger ... Es hätte viel schlimmer kommen können. Was bin ich für ein Glückspilz – ich habe alles, was ich für ein glückliches Leben brauche.

Nicht wahr?

Mach anderen eine Freude

Teile, was du hast. Egal wie viel du hast. Mach es dir zur Gewohnheit, in jedem Quartal einem Menschen zu geben, was er dringend braucht, alles, was du gibst, bekommst du irgendwann doppelt zurück. Das ist ein Naturgesetz. Geben lässt dich spüren, dass du da bist und dass du gebraucht wirst, und das macht dich glücklich. Und du machst vor allem die anderen glücklich. Es tut verdammt gut, in die Augen eines Menschen zu schauen, der dir von Herzen dankbar ist.

Sei kreativ

Kreativität und Kunst machen dich zum Schöpfer.

Formen, Linien, Farben … Das ist dein Weg zur Ewigkeit.

Alles, was du in dir hast und trägst – deine Gefühle, Ängste, Hoffnungen, deine Welt … All das kommt in der Kunst an die Oberfläche und du kannst es sehen.

Lass niemals zu, dass deine Kreativität einschläft.

Wenn du kreativ bist, dann bist du wach.

Wenn du wach bist, dann bist du kreativ.

Male, zeichne, schreibe, kritzele …

Erschaffe etwas, was noch nicht da ist und darauf wartet, geboren zu werden.

Gebäre es.

Und höre auf niemanden, wenn du Visionen hast, mach einfach dein Ding.

Glaube an dich.

Kreativität schützt dich vor vielen Krankheiten.

Sie stärkt deine Seele. Sie macht dich glücklich.

Und darum sollte es auch gehen.

Glücklich sein im Hier und Jetzt.

Mach du den Anfang

Jeden Tag wünschen wir uns einen besseren und freundlicheren Umgang von Seiten der anderen … Sei es von unseren Nachbarn im Haus, wo wir wohnen, von den Kollegen bei der Arbeit oder einfach von den wildfremden Menschen draußen. Einfach mehr Respekt, Anerkennung oder nur ein Lächeln.

Meistens denken wir, dass es die anderen sind, die uns diese netten Dinge schulden. Vielleicht ist das so, vielleicht auch nicht.

Wie wäre es, wenn wir den Spieß umdrehen würden?

Lasst uns genauso sein zu den anderen, wie wir es uns von ihnen wünschen.

Wir sind doch auch die anderen für die anderen.

Willst du, dass deine Nachbarn freundlicher zu dir sind? Dann zeige ihnen, wie das geht.

Willst du mehr Anerkennung von deinen Kollegen? Dann anerkenne erst einmal du ihre Verdienste.

Wenn dir niemand auf der Straße zulächelt, dann tue du es und lächle den Menschen einfach so zu.

Wenn dir lange niemand mehr etwas geschenkt hat, dann schenke du zuerst.

Wenn du dir von jemandem einen Anruf wünschst, aber es kommt keiner, dann rufe du an.

Tue das nicht mit dem Gefühl, es anderen zeigen zu wollen, tue es einfach für dich, um zu spüren, wie es sich anfühlt.

Mach am besten eine Liste, was du dir von deinen Mitmenschen, Freunden, Nachbarn, Kollegen und deinem Partner wünschst, und erfülle diese Wünsche selbst.

Wer weiß, vielleicht bist du dann derjenige, dem Anerkennung gezollt wird, dem zugelächelt und geholfen wird ... Leiste deinen Beitrag, damit die Welt etwas freundlicher und gerechter wird.

Mantra des Tages:

Ich bin glücklich, reich und gesund.

Weitere Bücher des Autors bei BOD:

DER KLUB

Roman, 228 Seiten
ISBN: 9783732247080
Erscheinungsdatum: 15.07.2013

Der 27 jähriger Rockmusiker Shay ist tot. Im Jenseits sanft gelandet, hat er nur einen Wunsch: Aufgenommen zu werden im dort ansässigen „Klub der 27er", um endlich seinen Idolen (Jimi Hendrix, Janis Joplin, Jim Morrison und Co.) nahe zu sein. Es gibt dabei nur ein Problem: Die Herrschaften wollen unter sich bleiben und keine neuen Mitglieder aufnehmen. Doch Shay ist beharrlich und bleibt am Ball, bis sie ihn endlich als einen der ihren akzeptieren.

Der phantastische Roman „Der Klub" entwirft mit spielerischer Leichtigkeit und viel Freude an schrägen Ideen ein mögliches Bild jenseitiger Existenz und nimmt die Fans der guten alten Rockmusik mit auf einen sehr vergnüglichen Spaziergang.

DAS GLÜCK DES KÜNSTLERS
(Von der Magie des Malens)

104 Seiten
ISBN: 9783746016290
Erscheinungsdatum: 28.11.2017

Das Buch beschreibt auf einfache und sanft ironi-
sche Weise, wie man die Malerei für sich entdecken
kann. Die ersten naiven Schritte, die erste Freude
am Tun und am Ergebnis. Was ist Form, Farbe,
Raum, wie sollte man malen und vor allem, was
sollte man malen, wenn alles bereits gemalt und
erforscht zu sein scheint? Und lohnt es sich, pro-
fessionell den manchmal so steinigen Weg der
Kunst zu gehen? Es ist ein lebendiges Buch voller
Tricks, die von Malern der heutigen Zeit häufig und
gerne benutzt werden und die das Malen auf faszi-
nierende Weise vereinfachen.
Der Autor ermuntert seine Leserinnen und Leser
dazu, ihrem Traum zu folgen, und steht ihnen auch
in den unausweichlichen Phasen des Zweifelns
mit nützlichen Tipps zur Seite. Denn er will mit
ihnen gemeinsam einen spannenden Weg gehen:
den Weg des Künstlers!

MAGISCHES VIERTEL
(Chronik einer aussergewöhnlichen Besetzung)

228 Seiten
ISBN: 9783752838664
Erscheinungsdatum: 15.07.2018

Am 22. August 2009 besetzen rund 200 Künstler in Hamburg die leerstehenden Häuser des Gängeviertels und richten dort Galerien, Ateliers und Partyräume ein, um damit auf dringend benötigten Raum für kreative Menschen in der Stadt aufmerksam zu machen.

Noah, ein Künstler mit Leib und Seele, erlebt die außergewöhnliche Besetzung hautnah und wird ein Teil des Ganzen. Aus Sicht des Künstlers, der nebenbei auch das ganze Viertel bekocht, werden wir Zeugen der chronologischen Entwicklung dieses einzigartigen Projekts. Ein friedlicher Kampf voller Hoffnung, Kunst und Partys beginnt. Mitten in der Hamburger City entsteht eine Insel der Kreativität, zu der viele Menschen aus aller Welt pilgern, um gemeinsam Kunst oder Musik zu machen, zu feiern oder einfach sie selbst zu sein.